himalayan express mantra, memória e viagem na índia

ALMEDINA

himalayan express

mantra, memória e viagem na índia

texto
lúcia figueiredo, nuno grancho, paulo varela gomes
pedro ganho, pedro sousa, sónia coimbra

fotografia
ana rita paiva, maria almiro, nuno grancho
pedro ganho, pedro sousa, pedro vizeu

esquissos
álvaro siza, fernando távora, eduardo alves

maqueta
nuno grancho, pedro sousa

design gráfico
pedro ganho

impressão e acabamento
gráfica de coimbra

edição
almedina
arco de almedina, 15
3004-509 coimbra

depósito legal 173832/01
isbn 972-40-1598-X
www.almedina.net

esta publicação foi subsidiada pelo Instituto da Cooperação Portuguesa

Patrocínios

Ministério dos Negócios Estrangeiros (Instituto da Cooperação Portuguesa)

Fundação Calouste Gulbenkian

Fundação Oriente

Reitoria da Universidade de Coimbra

Faculdade de Ciências e Tecnologia da Universidade de Coimbra

Companhia de Seguros Fidelidade (Grupo CGD)

Porto Editora

Participaram na Visita de Estudo que deu origem a este livro

antonieta reis leite	miguel miraldo
sofia rocha	pedro sousa
carla paulo	roberto machado
eduardo alves	sofia vaz
lúcia figueiredo	mónica rosado
maria vale	benedicte cateland
sónia coimbra	luís pereirinha
pedro ganho	ana rita paiva
nuno grancho	pedro vizeu

Apoios à edição

Ministério da Cultura (Centro Português de Fotografia)

Departamento de Arquitectura da Faculdade de Ciências e Tecnologia da Universidade de Coimbra

Os autores, agradecem a:

Ministério dos Negócios Estrangeiros (Instituto da Cooperação Portuguesa)
Ministério da Cultura (Centro Português de Fotografia)
Fundação Calouste Gulbenkian
Fundação Oriente (Sede e Delegação de Goa)
Reitoria da Universidade de Coimbra
Faculdade de Ciências e Tecnologia da Universidade de Coimbra
Companhia de Seguros Fidelidade (Grupo CGD)
Porto Editora
Departamento de Arquitectura da FCTUC
Zero 13, Arquitectos

Arquitecto Fernando Távora
Arquitecto Álvaro Siza
Dra. Teresa Siza
Dra. Teresa Gaivão Veloso
Arquitecto José Forjaz
José Luis Brazão Machado
D. Aida Grancho
Eng. Nascimento Ribeiro
Sr. José Paixão
Eng. Fernando Almeida
Bárbara Silva

Ao Arquitecto Walter Rossa

e ao Prof. Doutor Paulo Varela Gomes

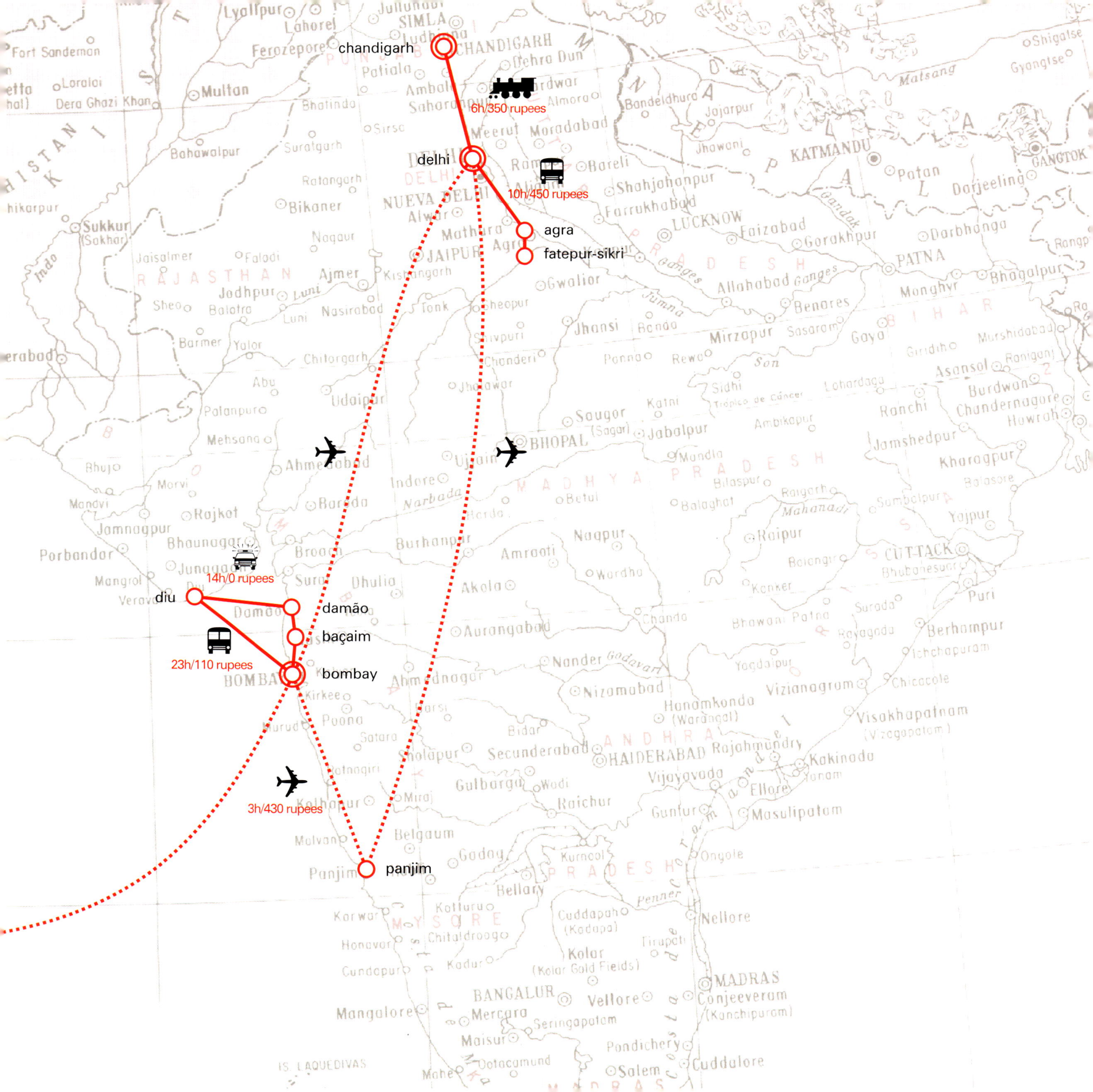

chandigarh

6h/350 rupees

delhi

10h/450 rupees

agra
fatepur-sikri

14h/0 rupees

diu
damão
baçaim
23h/110 rupees
bombay

3h/430 rupees

panjim

A Índia é uma experiência sensitiva de gradientes extremos, que roçam o impossível. É uma experiência não tangível nas representações correntes da realidade. Peçam a alguém que a descreva…

Tudo nela se multiplica, próximo do expoente da loucura. Tudo nela se esquiva à medida certa das palavras, aos traços no papel onde o reflexo da luz queima os olhos, ao enquadramento das lentes. As memórias sucedem-se numa voragem que procura o termo certo, a ilustração correcta, mas que esconde o ridículo do vazio do seu significado. Nas mantas de retalhos que constituem a nossa memória e que só fazem sentido para quem as cerziu, consomem-se as memórias mais vividas quando os últimos traços de especiarias abandonam o organismo.

A Índia é inverosímil. Lembras-te de Bombaim? É assim mesmo! - Como se a visita seguinte tivesse aumentado a estupefacção, verificando a credibilidade do que testemunhara, na cumplicidade dos que já a viveram. A Bombaim, sincrética da Metrópolis de um outro Fritz Lang neurótico; de um Blade Runner sem tecnologia; Casbah árabe e City americana, caótica, imensamente suja e bela. Esqueçam Nova Iorque, é esta a derradeira Babel…filas intermináveis de barracas miseráveis pintadas com o logo da Pepsi-Cola, publicidade à IBM enquadrando slums.

Inebriados pela intensidade e diversidade, não é fácil apercebermo-nos que a Índia é também uma experiência violentamente física. Quando visitada fora dos domos assépticos dos packages turísticos, é um murro nos queixos, nas verdades, nas convenções ocidentais, nas coisas que temos como certas. É o desafio último à inocência e introdução a um perigoso cinismo terminal. Nocauteados, descobrimo-nos estranhamente atentos…

Por tudo isto é difícil limitarmos esta edição exclusivamente à nossa experiência. Esta publicação pretende ser um caderno de viagens. Apontamentos avulsos da Índia que cada um de nós construiu. Partilhamos nela reflexões pessoais, por vezes digeridas em provas académicas, mas não nos limitamos a elas, conscientes das limitações próprias da juventude ou simples falta de proficiência na arte narrativa, desenhada ou impressa em emulsões. Abrimos o leque ao olhar do desenho de Álvaro Siza ou de Fernando Távora; às memórias vividas em permanência de Paulo Varela Gomes; entrevemos história nas albuminas antigas; descobrimos os derradeiros dias de Diu antes da anexação. Todas acrescentam à nossa, outras experiências, e paradoxalmente ilustram-na.

Bombaim, Diu, Damão, Goa, Agra, Fatepur-sikri e Delhi foram paragens do nosso itinerário físico. Mas outras foram as nossas viagens. Trocar a viagem de finalistas a um qualquer destino pré-fabricado, por uma visita de estudo à Índia, em que seriamos nós próprios a elaborar trajectos e calendários, a angariar apoios, foi apenas metade do desafio.

Todo este projecto foi consequência duma provocação do nosso professor de História da Arquitectura Portuguesa, Walter Rossa, no final de uma aula ainda em Novembro de 1998. Rapidamente o outro indiano, Paulo Varela Gomes, também daria o seu insubstituível conhecimento e dedicação.

Aquilo, que no princípio, era um objectivo impossível de alcançar, acabou por se tornar uma verdadeira lição e a melhor aula da *escola*, derradeira enquanto alunos e primeira enquanto Arquitectos e Seres Humanos. Nenhum de nós fugiu do lugar comum, nenhum de nós voltou o mesmo. A quem, mais do que nós, acreditou neste projecto e fez dele realidade, esta publicação é, antes de tudo o resto, a nossa forma de os celebrarmos.

Maamabhirakshaya Raghukul naayak
Dhrit var chaap ruchir kar saayakMoh
mahaa ghan patal prabhanjan
Sansaya bipin anal sur ranjan*

---

nuno grancho **d i u ,** p o r t u g a l

Protect me O Hero of the Raghu family, With the best arrow
and bow in your arms lovely, You're a strong Wind for the big
cloud of delusion, The Fire to the forest of doubts and the
Cherisher of godly men

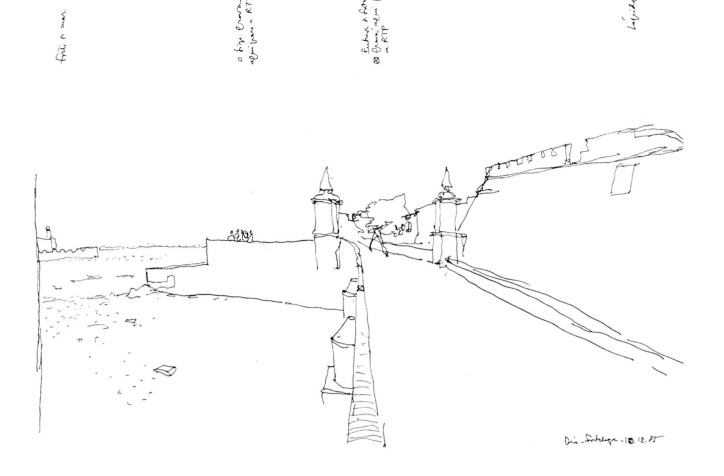

I'm in love with this country.
I find heat and smells and oils and spices, and puffs of temple incense,
and sweat and darkness, and dirt and cruelty, and above all,
things wonderful and fascinating innumerable.
Rudyard Kipling

himalayan express   diu, portugal

pag.018

1. entrada da fortaleza de diu e forte do mar, fernando távora
2. capela junto à igreja de s. tomé, álvaro siza

bombaim, 22 de outubro de 1999.

Ainda estou no aeroporto a reclamar a minha bagagem e pergunto-me o que me espera. Não sei se assim é com toda a gente, pois estou sozinho.

Estive muito do meu tempo à espera daquele momento que se avizinha. Quando transponho a porta do aeroporto, o calor e a humidade são espessos e pesados. Penso frequentemente nesta imagem que sou ainda o único a ver. O ruído da cidade é muito forte, é como o som de um filme excessivamente alto, com multidões sempre enormes. Não sei muito bem o que fazer ou que direcção tomar. Entro num táxi, que se dirige ao centro. As primeiras crianças aproveitam a paragem no trânsito para baterem no vidro do carro e me pedirem dinheiro. Espalhados pelas ruas encontra-se uma numerosa carga de detritos e

esses detritos vão transformando o que foi uma rua numa povoação confusa e individualizada feita dos detritos das outras povoações. Uma imensa cidade albergando milhões de pessoas, foi construída com detritos. Por todo o lado, também vejo detritos de homens e mulheres sozinhas.

diu, três dias depois.

Estive vinte e duas horas fechado num autocarro, com cinquenta indianos. Atravessei o Guzerate a caminho de Diu, numa experiência que contaminou tudo o que eu era, cheia de caras desconhecidas, de homens de cócoras lavando-se na estrada, de tendas de comida na via pública e de mulheres sentadas à beira da estrada. O calor foi sufocante e o ar denso.

Demoramos aproximadamente três horas para percorrer pouco mais de cem quilómetros. Às escuras, da agitação da estrada apenas se percebem as luzes dos faróis de todo o tipo de veículos buzinando ininterruptamente em

1. praça em frente ao porto de diu, álvaro siza

marcha lenta. Vejo fascinado desde camionetas de carga a ciclistas sem quaisquer sinais luminosos, autocarros superlotados, moto-ciclistas sem capacete que transportam mulheres vestidas de cores fortes sentadas à amazona, pessoas a pé e de costas para o trânsito, umas vezes em grupos, outras acompanhando animais. Quase no meio da estrada e das inúmeras camionetas paradas à beira da estrada, um grupo de homens está sentado à volta duma fogueira.

Ao longo da viagem, muitas vezes me deparei com os olhares negros de indianos que não viam um ocidental há vários meses. Quando paramos para comer sou rodeado por eles, que apenas me olham porque não se atrevem a mais. Sempre julguei que fossem faladores ou que me tentassem tocar. Agora vejo que não. Vejo que têm as cabeças brilhantes e maxilares rígidos. Quase todos

lugares
pessoas
arquitectura

diu, portugal   himalayan express

com bigode, vejo as bocas um pouco abertas, onde se vêm por trás dos lábios escuros, os dentes manchados quase de vermelho de sangue do betel. Vejo também que têm os olhos abertos, ansiosos e inchados.

diu, passados quatro dias.

Estou de regresso, para me encontrar com os meus colegas em Damão. Inexplicávelmente, como vim a saber depois sucede com muitas coisas na India, todos os transportes para fora de Diu tinham sido cancelados até data incerta. Não me restou outra alternativa, senão comprimir-me dentro duma Suzuki Maruti com quatro polícias que me levaram de boleia até ao meu destino. Foi difícil para mim abandonar Diu.

Tentar explicar o quanto Diu é incontornável e imprescindível a quem nunca lá esteve, continua a ser muito mais difícil que escrever sobre Diu. Definir Diu, explicar o que é Diu, é medir de razoes ou entrar por explicações dum lugar absolutamente indescritível e inexplicável.

1. igreja de s. tomé
2. abóbada de cobertura da igreja de s. tomé, álvaro siza

himalayan express   diu, portugal
pag.022

lugares
pessoas
arquitectura

diu, portugal   himalayan express

himalayan express   diu, portugal

pag.024

1. cais da fortaleza de diu, 1961
2. venda em vanakbara, 1961

definir Diu, explicar o que é Diu,
é medir de razões
ou entrar em explicações dum lugar
absolutamente indescritível e inexplicável.

lugares
pessoas
arquitectura

diu, portugal   himalayan express

025.pag

A melhor aproximação à ideia do lugar talvez seja a leitura da história dos seus cercos e feitos heróicos e porventura encontrar no chocar das espadas e no sangue derramado o peso do simbolismo que aquele espaço carrega e nos prende aquele chão. Esse simbolismo de Diu é sentido em todos os instantes, é um fardo pesado, que nos verga e comprime contra aquela terra. Mas como fardo mais pesado que o de qualquer outro lugar é também, ao mesmo tempo, o sentimento mais intenso daquele espaço.

A carga histórica está omnipresente em Diu. Mesmo a degradação das suas arquitecturas pode ser contrariada na memória, tal como um templo oriental que ciclicamente é refeito. É muito fácil a um português sentir Diu como o seu chão. É um lugar que, embora sem qualquer qualificação especial, denota uma personalidade portuguesa muito forte. Não é muito interessante do ponto de vista do urbanismo português. Não tem nenhuma das arquitecturas portuguesas mais qualificadas. É, no entanto, talvez o mais acolhedor de todos os lugares portugueses além--Mar.

É uma cidade leve, pequena, absolutamente parada no tempo, com um olhar umas vezes conformado e melancólico, outras vezes amargo e choroso, de contemplação e meditação sobre um passado cheio.

Diu é uma metáfora de espaço português: de pequena escala (no sentido de controlável e confortável) e cercado (todo ele ao alcance do olhar ou sua percepção). A cidade de Diu é para nós uma casa, para citar Alberti quando disse que casa e cidade são intercambiáveis.

Para além de cada um dos componentes e suas relações, é esta atmosfera geral ou ar específico que distingue e identifica Diu das restantes povoações do antigo Estado da Índia.

Diu é um lugar que me deixou cheio de saudades e agora ninguém poderá remediar isto.

1. barco de pesca, diu, 1960

lugares
pessoas
arquitectura

diu, portugal   himalayan express

himalayan express   diu, portugal

1. 2. 3. diu, 1959

lugares
pessoas
arquitectura

diu, portugal   himalayan express

029.pag

pedro sousa

bombay mumbai

*No other wish,
O Raghupati, in any my
heart, Truthfully, I state O
Lord, The indwelling soul
of all Thou art, I seek
devotion to you
O Raghupungav in
plenty, And from lust and
other vices,
My mind set at liberty

Naanyaa sprihaa
Raghupate hridaye smadeeye
Satyam vadaami cha bhavaanakhilaantaraatmaa
Bhaktim prayachha
Raghupungav nirbharaam me
Kaamaadi-dosha-rahitam kuru maanasam cha*

bombay, aeroporto, 03.00 am

O voo com três horas de atraso, e a mala essa não chegou mesmo. Dirigi-me ao balcão da companhia.
"Provavelmente está num outro aeroporto", respondeu a menina do outro lado do balcão enquanto acabava de atender um japonês baixinho que barafustava energicamente, reivindicando também a sua bagagem. A situação prendeu-me a atenção por um momento. Ao recolher o passaporte recebi a indicação de que no dia seguinte poderia vir buscar a bagagem. Hoje teria de me contentar com o dinheiro dado pela companhia devido ao atraso. Peguei no saco que me restava e dirigi-me à saída. Procurei saber onde arranjar um taxi pré-pago, a única maneira de não ser explorado. Como seria de esperar não consegui obter nenhuma informação compreensível.

Antes de sair do aeroporto untei-me de cima a baixo com uma loção repelente de insectos comprada dias antes em Portugal.

Ao sair fui interpelado por dezenas de taxistas que procuravam caçar um estrangeiro. Poderiam assim ganhar o salário correspondente a um mês de trabalho.
"Friend, friend!!" chamavam-me por todos os lados.
"Friend, need a taxi, hotel, very cheap, come, come, no problem!!" ecoava no ar, incessantemente.

Com alguma dificuldade, caminhei pelo meio de uma multidão, que parecia aumentar a cada passo que dava. O rumo era o guichet do Bombay Pre-paid Taxi de que avistei o esqueleto no canto esquerdo do grande átrio de saída do aeroporto. Durante o trajecto, os poucos de metros a percorrer mais pareciam um ou dois quilómetros face à dificuldade em transpor a "barreira" de dezenas indianos que insistiam em me oferecer os seus préstimos.

"Um taxi para Ballard Estate!" gritei pela abertura existente na divisória de vidro do guichet. Lá dentro encontravam-se três homens a conversar em voz alta.

>>

himalayan express   bombay, mumbai   1. bombaím, 1999

pag.032

lugares
pessoas
arquitectura

bombay, mumbai   himalayan express

033.pag

Discutiam ferozmente e não tinham dado conta da minha presença. Bati de mão aberta na divisória de vidro de forma a fazer algum barulho. Nada lucrei a não ser um batalhão de mosquitos espalmados na mão. O repelente colocado minutos antes de pouco servia. Enchi os pulmões e gritei lá para dentro.
"Sir... taxi, taxi!"

Um dos homens sem se virar, continuando a discutir, levantou o braço, esticou o dedo indicador e apontou para o guichet do lado. Com alguma dificuldade arrastei-me um par de metros. Os indianos continuavam à minha volta. A oferta já não era só de transporte, mas de tudo um pouco: Taxi, hotel, pulseiras, tapetes, saris, etc...
"Taxi para Ballard Estate, Hotel Benazeer."
"170 rupias" respondeu o empregado franzino do outro lado enquanto riscava a morada no talão com o número do táxi que faria o serviço. O preço

>>

himalayan express   bombay, mumbai

"Taxi para Ballard Estate, Hotel Benazeer"
"170 rupias" respondeu o empregado franzino do outro lado enquanto riscava a morada no talão com o número do taxi que faria o serviço

himalayan express   bombay, mumbai
pag.036

que me tinham proposto minutos antes, cá fora no meio da multi-dão, era de 5000 rupias, um preço de amigo, diziam eles, "good price, my friend, very good price", enquanto acenavam com a cabeça.

Recolhi o talão e comecei à procura do meu táxi, no meio de dezenas de Pal-Fiat e Ambassadors amarelos e pretos. Antes de identificar a máquina que me iria levar ao hotel, fui chamado pelo seu condutor.

"157, it's me, it's me, come?" afirmava o condutor, face à minha renitência em acreditar. Só depois de verificar cuidadosamente o número de matrícula acedi. Abanei ligeiramente a cabeça em sinal de o.k. e preparei-me para entrar. Um homem dormia estendido no banco com os pés de fora da janela. Acordou em sobressalto com as pancadas secas dadas pelo motorista no capot do carro. Estremunhado saiu lentamente, mas no momento seguinte voltou a entrar no carro procurando ali as chanatas esquecidas.

Há já uns bons três quartos de hora que circulávamos em direcção ao centro da cidade.
"Cigarro, tem um cigarro?" perguntou-me o condutor.
"Não fumo." disse eu.
"É a primeira vez em Bomabaím?" continuou.
"Não. Esta é a quinta vez que cá estou." afirmei sorrindo levemente, com um ar tranquilo.
"Confirmou o hotel? É que provavelmente a esta hora já não tem quarto. Se quiser tem um já aqui que lhe fica muito mais barato."
"Não obrigado, tenho amigos que me esperam" respondi, mostrando algum desinteresse na conversa de modo a que esta morresse por ali. O calor que se fazia sentir era muito, embora de noite a humidade fosse menor. O condutor e o irmão, cunhado ou tio que tinha entrado também no aeroporto, mantinham-se agora em silêncio. Eu distraído, olhava pela janela os pobres que dormiam sobre os passeios das ruas. Subitamente parámos e um vulto, vindo de uma pequena guarita ali existente, aproximou-se.

"Ballard Estate, Ballard Estate, Benazeer" foi tudo o que eu pude compreender das palavras trocadas entre os dois. A noite estava escura, a lua escondida, o céu limpo mas sem estrelas. Ao olhar melhor para fora do carro, a pessoa que dava direcções gesticulava e indicava o sentido contrário aquele para onde nos dirigíamos. Em poucos minutos estávamos novamente a andar, desta vez por sítios que tínhamos atravessado minutos antes. Circulámos mais três quartos de hora até ao nosso destino. Eram agora cinco da manhã e o fuso horário começava a provocar os seus estragos.

Na recepção demorei pouco tempo, já que a pessoa que me registou também se encontrava mais interessada em dormir. Assim, rapidamente descobri o meu quarto, com baratas e outros bichos afins. Não liguei, pois o meu objectivo era deitar-me. Accionei a ventoinha. Algo me dizia que não ia ter problemas em dormir...

1. ver nariman road, bombaim

lugares
pessoas
arquitectura

bombay, mumbai   himalayan express

Salutations to you again and again, Lord Ganesh. Salutations to you who are the universe.

vasai statio

Please fulfill my desires without obstacles. I salute Gajanana I offer namaskar to Lord Ganesh through this beautiful form.

041

Namo namo Ganesaya
Namaste visva rupine
Nirvighnam kuru me kanam
Namami tvam Gajanana
Asmin (bimbe) citrapate
Maha-ganapataye namali
Pradaksina namaskaran
Samarpayami

pedro ganho

tenho uma memória peculiar das coisas e dos espaços. Podia antes dizer que tenho um péssimo sentido de orientação, mas trata-se apenas da absoluta certeza de que numa cidade vamos ter sempre a algum lado e por isso não é possível perdermo-nos. Ou antes, que é absolutamente seguro perdermo-nos. Numa cidade estranha, um mapa serve-me para voltar para trás e nunca para seguir em frente. Neste exercício absorto, amálgamo locais, ortogonalizo mapas mentais, roubo pormenores em favor de sensações impressionistas. Não digo com isto que tenha uma memória menos vívida, quanto muito será menos literária.

>>

himalayan express   vasai station

lugares
pessoas
arquitectura

vasai station   himalayan express

himalayan express   vasai station

Talvez por isso, me recorde do caminho entre Vasai Station e a fortaleza de Baçaim, como uma longa recta de estrada na planície nua, onde só as palmeiras ao longe revelam e escondem o destino. Sei bem que atravessámos as ruas sinuosas da cidadezinha colorida pelas lojas e empórios enfeitados para o Diwali. Cortámos à direita e à esquerda por entre o trânsito frenético num rickshaw desconchavado, até perdermos qualquer sentido de norte, mas tenho para mim que Baçaim fica simplesmente à direita de quem sai do comboio em Vasai, vindo de Bombaim, seguindo depois uma recta impressiva.

O caminho é longo, quando medido em solavancos dentro de um rickshaw apertado, ao som de um motor indolente. Tinham prometido algo de especial, marcando a meia viagem, ponto final na arquitectura portuguesa do território de Goa e tomada de fôlego para o esplendor oriental do Mogol e a secura discursiva da Dehli inglesa. Era-me difícil digerir a sucessão interminável de igrejas e casas-pátio, cidades, nomes e faces que me visitavam, e nelas encontrar uma portugalidade mensurável no defunto Império do Oriente, em grandeza de sonho impossível, em princípio e em término, em gente e em engenho.

Tinhamos visto, até então, uma história habitada por pessoas, vidas, cheiros e cores estranhos à arquitectura com que se constroi essa História. Uma espécie de Disneywold transformado por uma catástrofe natural em reality-show. No fundo, a Índia, onde os opostos têm a convivência fácil do simples desprezo, um pouco mais limpa, um pouco mais tangível nalguns sinais de europeídade.

O descontexto, o exotismo, o desconforto das imagens impedia uma compreensão profunda do que víamos. Para isso serviu-nos, afastado da fúria com que se vive na Índia, a Baçaim quase desértica, esquecida, história morta mas não estéril.

lugares
pessoas
arquitectura

>>

vasai station   himalayan express

A chegada ao forte faz-se por uma curva suave na estrada. De repente, do palmeiral que marca a fronteira entre o castanho da planura e o mar pardo, sai um troço de muralha que a estrada oblitera para nos depositar no seu interior. Enquanto violávamos o paredão, mesmo ao lado, assumava da penumbra da Porta de Terra uma figura vestida de açafrão e cara pintada. A mim, aparecem-me sempre figuras enigmáticas nas Portas de Terra. Por detrás deixava perceber um Oom desenhado na parede a branco, como se marcasse um território sagrado, local de um rito iniciático que agora começava.

Esperava-nos uma imagem de selvática luxúria vegetal, preenchendo o campo de visão. À medida que caminhávamos, do meio do capim denso que enche os interstícios e das acácias que devoram a pedra em alturas e contorcionismos acrobáticos, foram-se lentamente revelando formas inteligíveis de claustros destelhados e torres esventradas. Construções apontadas pelo ténue vértice do encontro de dois panos de pedra. Colunas em sentido impassível, suportando o vazio, indiferentes ao ridículo megalitismo a que foram votadas. Arranques de arcos que só se fecham na projecção do olhar, esboçam naves de igrejas. À medida que caminhávamos, a imagem última e o simbolísmo de Baçaim tomavam forma.

1. ruínas da igreja de s. francisco, da capela-mor para a entrada, baçaím

himalayan express   vasai station

pag.048

1. claustro do convento de s. francisco, baçaim
2. porta da fortaleza de baçaim
3. antiga rua direita, baçaim
4. porta de terra, arco interior, baçaim

colunas em sentido impassível, suportando o vazio, indiferentes ao ridículo megalitismo a que foram votadas. Arranques de arcos que só se fecham na projecção do olhar

Um imenso cemitério de naus de calados esventrados e invertidos. Restos de vigas de cavernames, onde assentaram lustrosas as tábuas dos bojos. Não um estaleiro revolto pela tempestade, não o ermo onde envelhecidos paquidermes esperam a inexorável morte. Antes um destino final, primeiro de pompa e depois trágico, uma ossatura oca de um sonho pleno. É esta a ilustração exacta, na decadência mais pérfida e no entanto apropriada, do Império Português do Oriente. Baçaim é o ultimo nó com que se mede e enlaça esse mundo. E porque não, deste, da Índia que devora autofágica a sua História.

Baçaim é um campo de morte, onde a história serve de pasto à erva daninha, cerceado pela ironia intacta da construção que menos serviu os seus intentos. A muralha, velha senhora altiva, velando os cacos da sua memória, ignorando com ternura as crianças que fazem brincadeira do terreno das suas misérias. Acolhendo sob a sua sombra pescadores remendando redes e devotando os seus altares a um culto panteísta de Vishnu, Cristo e Gurus Sikh.

Deixei Baçaim à canícula do meio-dia, com a esperança vã e ignóbil de que, ao atravessar a muralha, o palmeiral devorasse silenciosa e definitivamente aquelas pedras, enquanto lhes resta algum assomo de dignidade.

1. esquisso de álvaro siza

lugares
pessoas
arquitectura

vasai station   himalayan express

051.pag

Salutations to you, O son of Uma !
Bathe in this pure water brought
from the Ganges and other holy
rivers. I offer pure water to bathe the
Lord through this beautiful form.
After the bath I offer thee water.

Gandadi sarva-tirthebhyah
Altraih vimalaih jalaih
Snanam kurusva bhagavam
Umapurtra namo'stu te
Asmin (bimbe) citrapate
Maha-ganapataye namah
Suddhodaka snaman
Samarpayami
Snananantaram acamaniyam
Samarpayami*

os equívocos de damão

pedro ganho

nas últimas horas da tarde, uma corrida de lambretas e bicicletas – raparigas montadas à ilharga de Piaggios dos anos 60 e Enfields de idade indeterminada; flores estampadas em chita de folhos, decotes chegados e soquetes brancos – atravessa a Porta de Terra de Moti Daman. Um estranho flash-back domingueiro, de saída de missa, dos que reconhecemos em imagens de arquivo dos Sheiks, da modernidade permitida na pequenez metropolitana do Portugal do Minho-a-Timor. É um espectáculo único e exclusivo da Índia de ressaca portuguesa, como os campos de futebol ou a rua de Pangim em que todos os comerciantes – da mercearia à loja de música – são Fernandes. Não posso, porém, deixar de associar este intrínseco non sense colorido à propaganda cantante e dançante da India Una do cinema made-in-Bollywood. A todo o momento esperei o início de um número musical com a versão Hindi do 'Rock 'round the Clock'. Num país em que a modernidade não faz qualquer sentido, em que 'neo', 'pós' ou 'retro' coexistem enquanto prefixos do mesmo objecto, inventou-se provavelmente a pós-modernidade mais pós-moderna do planeta.

>>

1. ruínas do convento de s. domingos, damão grande
2. rua de damão pequeno

lugares
pessoas
arquitectura

os equívocos de damão   himalayan express

A estranha procissão sai do arco da porta e flanqueia por alguns metros o fosso para depois o atravessar e se dispersar na periferia uniforme, nos edifícios de habitação social da escola modernista indiana. Nesse momento, entre porta e ponte, a cadência desordenada de idas e vindas tornava-se encantatória, a realidade desfocada e o som dessíncrono e homogéneo como um Matra. A indefinição entre o estarrecimento e a modorra de fim-de-tarde é, nas latitudes húmidas e quentes, o limbo em que habita o turista ocidental, que faz com que qualquer paragem contemplativa torne os movimentos pesados, como que presos pelo ar espesso, o pensamento longínquo e ecoante.

Encontrei-me, então, espectador imóvel desta mistura de MTV e anúncio vintage da Coca-Cola. O pôr do sol indiano, que lava de dourados todas as superfícies, aprofunda relevos em sombras e finalmente descansa os olhos, imprime ao paredão da muralha uma majestade serena que a corrosão das monções, do tempo e do esquecimento, há muito lhe retirara.

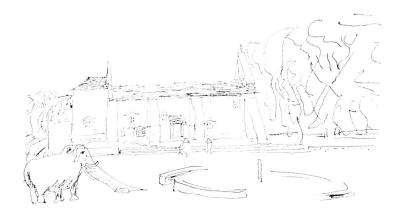

1. esquisso de álvaro siza, damão grande

Aproveitei para mudar o rolo de slides. No limbo é-nos permitido algum movimento, desde que mecânico ou fisiológico mas sempre em slow motion, e por isso demorei tempo demais, não evitando que o pó fino e insidioso da atmosfera indiana se depositasse na película e no obturador. Pelo canto do olho, calculava as trajectórias tangentes dos motociclos, enquanto procurava, o enquadramento e a velocidade de abertura ideal – a Índia tinha-nos transformado a todos em japoneses de disparo fácil, caçadores de espantos.

Fui arrancado a esta suspensão involuntária mas doce por uma buzinadela mais insistente de algum adepto fervoroso da política do 'Horn-Please-Ok', que serve para cumprimentar, insultar ou simplesmente de acompanhamento louco e sinfónico dos ruídos conjuntos de todas as outras buzinas e escapes. Já não era um espectador solitário. Ao meu lado, ombro a ombro, num contra-luz cinéfilo, estava outra figura fora de contexto. Um velho, de corpo escorrido coberto por uma camisa escura, enfrentava também ele o paredão.

O rosto, cobre e tisnado, enrugava-se em sombras vincadas, como a muralha, igualmente velho e intemporal. Um Homem do Mar de Hemingway, se trocássemos as Antilhas pela Nazaré ou por Tavira, todo ele rugas e olhos negros, enormes. No entanto, o perfil recortado na luz não escondia uma expressão improvável num indiano: surpresa, indagação, um quase sorriso anuente. Quase tão improvável quanto a tão pouco indiana proximidade do seu ombro.

Observei-o despudoradamente, esquecido de todas as convenções ocidentais de boa educação, à espera de algo que desvendasse o mistério do seu aparecimento. O homem demorou-se no silêncio, para depois baixar a cabeça, desenhando com o pé na brita da beira da estrada. São portugueses? O mistério desvaneceu-se na pergunta desnecessária. Tinha reconhecido, por cima dos ruídos cavos de motores a desfazerem-se em esforço e da estridência das buzinas, um som distante e logo destacado em primeiro plano de uma língua, que embora conhecesse, não tinha descoberto, na nacionalidade dos rostos brancos. E de novo silêncio.

lugares
pessoas
arquitectura

>>

os equívocos de damão   himalayan express

himalayan express   os equívocos de damão   1. barra de damão

entre porta e ponte, a cadência desordenada de idas e vindas
tornava-se encantatória, a realidade desfocada e o *som dessincrono*
e homogéneo como um Mantra

Em Damão, fala português quem o sabe, quem o aprendeu ou aprende ainda hoje na escola. Já perguntáramos em português pelas ruínas do mosteiro de S. Domingos. Responderam, sem surpresa, sem alarde, sempre em frente, terceira rua à direita, depois à esquerda. Por isso me pareceu estranha a reticência do homem, o tom de quase conjura que envolveu o momento. No seu silêncio, revelar-se-ia não apenas o ganhar coragem para abordar um estranho, mas o dominar de emoções, o exorcizar de fantasmas. Sabe, eu também.... Interrompeu a frase a meio, como que constatando a redundância contínua das suas frases, para se voltar de novo para a muralha, olhando por cima dela para o céu púrpura dos ocasos da Índia. Já me esqueci do meu português.

Voltou-se rispidamente, para, em passo certo e miúdo, se perder no subúrbio lúgubre, no caos de motoretas buzinantes, de repente, de novo na Índia.

Enganaram-se aqueles que pensaram terminar aqui a história. Tê-la-ia transformado em historieta de moralismo fácil, tom duvidoso, realidade delicodoce e focagem de lente soft-tone. Correndo o risco de fazer deste homem apenas um triste side-show, algo de mais profundo despertou desta curta troca de palavras e olhares. Dissecado friamente, não passa de um monólogo surrealista, uma coisa retirada de um mau filme e talvez por isso tão urgente de pensar. Hoje, revivo a minha perplexidade e o sentimento de absurdo. No novelo emaranhado de pensamentos, encontro um fio bastardo, de cor e textura diferente, mas o único capaz de revelar algo de superior na confusão ilógica dos acontecimentos.

Chego então à conclusão egoísta e revoltada, que alguém me deve algo. Não este homem feito incidente de percurso, também ele, como outros tantos, credor da história desta e doutras Indias. Porque quero compreender, é minha a revolta que nasce da ignorância. Quero compreender, que é diferente de querer perdoar. Por isso, sou eu que fiquei a haver.

Fiquei a haver nos bancos da escola. No imenso vazio entre o Mapa Cor de Rosa e a entrada na CEE. Fiquei a haver na história de H maiúsculo que ainda é feita do sangue fervente da esquerda de Abril e da direita de Março. Fiquei a haver duzentos anos, não de história envergonhada, ou desavergonhada – como a queiramos ver – de colonização ou descolonização, que a diferença pouco importa, mas de banalíssimas translações do globo terrestre em torno do Sol. Ficaram-me a dever não a Verdade ou a História, mas as pequenas grandes coisas, os gestos quotidianos, a saudade, as anedotas, as histórias da carochinha à margem da Verdade e da História, da Verdade Histórica, do Processo Histórico.

Não me interessa essa Historiografia de laboratório, quando tenho a haver duzentos anos da mais simples Memória. Quando se discute o fazer ou não do moderníssimo e políticamente correcto, mea-culpa do Homem Branco; quando brandem, esfarrapada pelo uso e por isso vazia de significados, a bandeirinha do 25 de Abril, ou o papão caduco da ditadura; quando esquecem que não haverá mais Timores Lorosae de efeitos redentores, ficou a haver a minha geração.

Julgue-se então, não os culpados, os perpetradores do passado, mas os executores do presente, os carcereiros da memória, a própria Culpa. Compreenda-se sem perdoar, porque a História não tem nem má-consciencia, nem purgatórios, nem demónios exorcisáveis. Para perceber as palavras do Homem de Damão, ou simplesmente para chegar à conclusão de que se tratou de um simples mal entendido. Que por entre os sons do buliçoso fim-de-tarde, perdi as últimas palavras que me gritou antes de desaparecer. Prazer em conhecer. Agora tenho de ir, que o jantar está à espera.

albuminas do álbum "Damão e Nagar Avely".
Adolpho Moniz, amateur photographer, Ca. 1890
espólio do Arq. José Forjaz

Praça di Damão

Capella das Angustias no dia da festa

himalayan express

075.pag

Asmin (bimbe) citrapane
Maha-ganpapataye namah
Karpura nirajanam
Darsayami
Nirajamanataram
Acamaniyam samapayami

pedro sousa
lúcia figueiredo
sónia coimbra

goa

✱ *I offer betel leaves and nuts to Lord Ganesh through this beautiful form.*

pedro sousa

goa, Coco beach

Quarta-Feira. A confirmação era dada pelo pequeno calendário de bolso, comprado dias antes na Connaught Place, em Delhi, num dos muitos vendedores que tem o seu pequeno negócio na zona do Círculo Central.

1. intradorso do arco dos vice-reis, velha goa, goa
2. forte de aguada, visto da igreja de s. lourenço, goa

A tarde tinha sido longa e fatigante, passada no mercado de Anjuna. Quarta após quarta, ao nascer do dia, cresce um mercado, que só termina com a chegada da noite. É um acontecimento mágico. Enquanto percorria a zona de mercado, tive a impressão de que ali se concentrava toda a Índia. Lindas cores de pele, cintilantes olhos verdes, saris ao vento, grandes cestos coloridos, vacas, conchas de prata e especiarias. As cores e os cheiros, as vestes e os tiques de Caxemira ao Rajastão todos se encontram representados. Tudo se vende, de todo o lado e de todo o tipo. Era como estar em terra de Deuses.

Com o cair da noite, o ambiente festivo continuou na praia de Coco Beach, situada no extremo de uma das muitas baías que pontuam a costa marítima a norte de Goa. Luzes giravam ao som

da batida lançada pelas colunas, no areal. A maioria dos rostos que por ali circulavam eram turistas como eu. Os indianos, viam-se aqui e ali, de quando em vez procurando meter conversa com raparigas que saltitavam ao som da musica. Tudo parecia mover-se, mesmo os altos e esguios coqueiros que delimitavam o espaço da praia

1. 2. ruinas do forte chaporá, goa

estavam contagiados pelo vibrar de sons, Bob Marley tocado com instrumentos ancestrais e entrelaçado de sons tecno. Só o mar escapava a esta frenética vaga de música, absorvendo as vibrações e refletindo os sons na sua curta maré. Paulatinamente lançava pequenas ondas que pela cadência e dimensão, transmitiam uma agradável sensação de serenidade compensadora de toda a euforia que se vivia ali. Olhei o relógio, são três horas da manhã. O cansaço voltava a tomar conta do corpo. Decidi voltar para casa. Dirigi-me para a pequena estrada de terra batida que dava acesso à praia. Mais parecia uma via principal devido ao trânsito que tinha.

"Taxi, Taxi!!... - gritei- ... Quanto é para Pangim?"

baga beach

Sentado na praia, observava uma vaca que passeava por entre as pessoas que descansavam deitadas no areal. De pêlo branco, magra mas bem tratada, exibia os seus longos chifres pintados de açafrão com uma pequena risca arroxeada nas extremidades. Era uma vaca sagrada. Contudo ninguém parecia realmente ligar muita importância ao facto. A vaca aproximou-se de um casal de meia idade. Timidamente provocaram-na com um resto de fruta. A vaca, por seu lado, não se fez rogada e avançou calmamente, como tudo na Índia, para os restos da papaia, que se encontrava na mão do homem. A senhora, seguramente mais nova, aguardava pelo desenrolar dos acontecimentos semi-escondida nas costas do homem. A sua expressão desconfiada deixava transparecer algum desconforto face à proximidade do animal.

Subitamente fui interrompido por alguém que me chamava . Virei a cabeça e ao olhar para cima fiquei encadeado pelo sol e vi apenas um vulto feminino.

"Fruta fresca? Banana, ananás, coco, manga?", perguntou a rapariga, enquanto retirava o cesto que tinha em equilíbrio na cabeça.
"Posso ver?"
"OK, OK, no problem, no problem" respondeu prontamente.

Escolhi três peças. Um coco, uma papaia e um ananás. Com um sorriso a rapariga de sari vermelho sentou-se na areia á minha frente para arranjar a fruta e ao mesmo tempo desviou o olhar na direcção da vaca. Reparei no seu rosto, na cor verde água dos seus olhos rasgados. O seu olhar de expressão aberta voltou-se novamente na minha direcção. Desta vez o seu sorriso era outro. Continuava feliz mas algo se passava que eu não compreendia. Olhei novamente para a vaca que acabara de comer a papaia e permanecia estática, olhando agora na minha direcção...

1. esquisso de álvaro siza

lúcia figueiredo

a arquitectura de Velha Goa teve como origem os modelos portugueses do séc. XVI. Os primeiros edifícios em território goês foram projectados e executados por portugueses e estes limitaram-se a transplantar estilos europeus evitando qualquer relação com edifícios locais. Nesta primeira fase, as preocupações eram essencialmente de ordem prática. No entanto, da escolha consciente de locais altos e simbólicos para a localização de algumas estruturas religiosas (igrejas de Nossa Senhora do Rosário e Nossa Senhora do Monte, por exemplo) pode deduzir-se que, além da preocupação funcional, existia também a de afirmação do poder cristão. Esta apropriação de locais simbólicos para localização de edifícios cristãos foi uma constante ao longo da presença portuguesa. As primeiras igrejas eram estruturas modestas, construídas rapidamente para satisfazer necessidades religiosas imediatas. Mais tarde foram reconstruídas, algumas delas várias vezes, não restando em Velha Goa edifícios que tenham hoje a forma da primeira metade do séc. XVI. A única excepção é a igreja do Rosário, é o edifício mais antigo de Goa e único exemplo intacto de um edifício manuelino no Oriente.

Na altura em que a igreja foi construída, o estilo manuelino tinha já sido suplantado na maioria das áreas metropolitanas em Portugal. Apesar disso, o modelo do Rosário é claramente inspirado em igrejas manuelinas com torre sobre galilé, como a Matriz de Elvas (construída a partir de 1517), depois Sé Catedral, e a igreja da Madalena em Olivença (1520s), ambas no Alentejo, a igreja de Pedrógão Grande (1537-39) e a igreja de Areias, perto de Tomar (meados do séc. XVI).

>>

1. igreja de curtorim, goa

lugares
pessoas
arquitectura

arquitectura religiosa de velha goa   himalayan express

Tal como em Elvas e Olivença, a fachada do Rosário é uma torre dividida em três andares, por cordas manuelinas. As colunas torsas que aparecem a dividir as naves da igreja de Olivença (e noutras em Portugal) aparecem na igreja do Rosário, mas aqui sem qualquer função estrutural, colocadas nos quatro cantos superiores da torre. Na Sé de Elvas uma caixa de escadas redonda, atrás da torre, lembra os botaréus do Rosário. A igreja de Goa difere, porém, quanto ao número de naves (uma única na do Rosário) e ao sistema de cobertura (abóbadas de nervuras góticas nas de Portugal). Tudo leva a crer que este tipo de fachada com torre se manteve em uso na Índia na época de D. Manuel e de D. João III. A igreja de S. Tomé de Meliapor, a Sé de Cochim e a Sé de Baçaim (1547) tinham o mesmo tipo de fachada torre. A igreja de Baçaim foi fundada em 1546 pelo primeiro capitão de Baçaim, Garcia de Sá. Este foi Vice-rei em 1548 e morreu em 1549. Está sepultado na igreja do Rosário assim como a sua mulher, Catarina Piró.

Além da igreja do Rosário, um outro vestígio manuelino é o portal da igreja de S. Francisco, conservado nesta igreja. É possível que as torres da fachada também sejam manuelinas, aproveitadas também da primeira igreja porque são de planta octogonal, como os botaréus da fachada da

1. sé catedral, velha goa, goa

igreja de Santa Cruz de Coimbra, contemporânea da fábrica da igreja de Goa. No entanto estas torres lembram muitos elementos normais da arquitectura dos reinos muçulmanos da Índia, nomeadamente Bijapur, vizinho de Goa, que era a mais importante potência cultural do sul da Índia na segunda metade do século XVII, quando a fachada franciscana foi reconstruída. Pode por isso colocar-se a hipótese das torres serem de influência indiana.

O mais importante edifício religioso da Velha cidade continua a ser a Sé Catedral. A sua construção a partir de 1571 influenciou toda a arquitectura do território de Goa a partir dessa data. É o mais clássico e europeu edifício de Goa.

Entre 1550 e 1570 começaram a construir-se várias catedrais novas em território português: Miranda do Douro (1552), Portalegre (1556), Leiria (1559), São Salvador da Baía (Brasil), Ribeira Grande (Cabo Verde) e Angra, nos Açores (1570s). As quatro maiores Catedrais (Miranda, Portalegre, Leiria e Goa) são igrejas-salão de três naves da mesma altura, separadas por pilares cruciformes. A Sé de Goa é a maior de todas. O seu modelo mais próximo em planta é a Catedral de Portalegre: ambas as igrejas têm, além das três naves, capelas laterais inter-comunicantes. As cabeceiras, porém, são diferentes: Goa tem apenas uma capela na cabeceira, muito maior que a de Portalegre e do mesmo tipo que as de Leiria e Miranda - mas isso sucede porque as capelas-mor de Goa, Miranda e Leiria foram todas construídas mais tarde que a de Portalegre: são obras do início do séc. XVII ou mais tarde ainda.

A Sé de Goa tem mais elementos clássicos que as outras: as coberturas das naves são em abóbada de berço com caixotões, enquanto que Miranda, Portalegre e Leiria têm abóbadas de arestas de género gótico. A utilização desse tipo de abóbada não constituiu novidade em Velha Goa. Já em 1560, a igreja jesuíta de S. Paulo tinha uma abóbada deste tipo. Em Portalegre há uma cúpula clássica com caixotões mas apenas no cruzeiro.

1. torre em ruínas da igreja da graça, velha goa, goa

A fachada de Goa é a mais clássica porque está claramente articulada por ordens apilastradas e tem todos os vãos decorados com molduras clássicas, o que não sucede nas outras Sés.

A Sé de Goa, como a Sé de Portalegre e de Miranda, tem torres que flanqueiam a fachada (a torre norte caiu no séc. XVIII). No entanto, a relação torres/corpo central da fachada é também mais clássica em Goa que nas outras catedrais. Em Portalegre as torres avançam em relação ao plano da fachada, em Miranda estão alinhadas com esse plano, enquanto que em Goa é a fachada que avança em relação às torres laterais.

A fachada da Sé de Goa está organizada em duas ordens sobrepostas sobre as quais existe um remate com frontão na parte central. Esta parte é mais alta que as laterais e liga-se a elas por aletas. Esta é a disposição tradicional da fachada da maior parte das igrejas europeias clássicas, embora não seja muito comum em Portugal onde quase todas as igrejas têm fachadas com torres no mesmo plano. Na Sé de Goa, os planos das torres estão claramente separados e recuados em relação à fachada. A relação torres/corpo central da fachada existente em Goa é típica de outras igrejas filipinas portuguesas e espanholas de 1580 em diante como, por exemplo, as igrejas jesuítas do Porto ("Grilos") e de Coimbra (actual Sé Nova) ou a Colegiada (depois Catedral) de Valladolid. Na Sé Nova de Coimbra, as torres aparecem bastante por detrás da fachada mas a relação é semelhante à de Goa.

O classicismo muito depurado e afirmado da Sé de Goa resultou da época tardia da construção do seu exterior e coberturas (1590s-1640). E ainda da necessidade de que o mais importante edifício católico do Oriente fosse o mais europeu em estilo. E também, provavelmente, da educação clássica do seu arquitecto, Júlio Simão, o mais importante arquitecto português da Velha Cidade.

As informações acerca de Júlio Simão não são muito seguras. Quase tudo o que se sabe acerca dele já foi publicado há mais de cem anos por Sousa Viterbo. Foi nomeado para seguir para a Índia pelo rei Filipe II em 1596, acompanhando o novo Vice-rei D. Francisco da Gama. Ia como "engenheiro" mas o rei tinha consciência de que não estava à altura do engenheiro-mor que ainda estava na Índia, João Baptista Cairato (ou Milanez), arquitecto-mor da Índia entre 1583 e 1598, dizendo o documento régio que a nomeação de Júlio Simão foi feita por "não poder ser logo a que se pretende".

A primeira obra de Júlio Simão foi o Arco dos Vice-reis construído por D. Francisco da Gama mal chegou a Goa. Por debaixo da arquitrave do arco existia a inscrição JULIUS SIMON-ING. MAG.INV. Esta inscrição identifica Júlio Simão como Engenheiro-mor (ING.MAG.). O facto de Júlio Simão ter projectado o Arco para D. Francisco da Gama mal chegou à Índia, talvez mostre que foi trazido pelo Vice-rei como uma espécie de arquitecto particular já com a ideia de construir o Arco. Além disso, o facto de "assinar" o Arco, iniciativa raríssima na história da arquitectura portuguesa, e o estilo erudito do próprio Arco, mostram que Júlio Simão era um arquitecto clássico com uma educação refinada.

Em 1600, o rei refere-se a ele como "meu moço da câmara" que "serve na Índia de engenheiro", o que indica que Júlio Simão era de família nobre (o que é confirmado por outro documento do rei, em 1616 onde é referido como "cavaleiro fidalgo" da casa real).

Além disso, fez-se sepultar no cruzeiro da Sé, de que foi o arquitecto principal. O epitáfio diz: SEPUTURA DE JULIO SIMAO, QVALEIRO FIDALGO, DA CASA DEL-REY NOO SENHOR E SEV ENGENHEIRO MÓR DESTE ESTADO MESTRE ARQUITECTO DAS OBRAS DESTA SÉE E DE SUA MULHER CATERINA DE BUSTAMANTE E ERDEIROS. Também este gesto é muito raro na arquitectura portuguesa: um arquitecto que se faz sepultar enquanto tal na obra maior que fez construir. Júlio Simão tinha talvez consciência de que a Sé é o edifício mais notável de Goa e um dos mais notáveis da arquitectura católica em qualquer parte, desde sempre admirada por visitantes portugueses e estrangeiros.

É possível que tenha sido educado em Espanha porque o nome da sua mulher, de quem teve várias filhas, é um nome espanhol. Júlio Simão é sobretudo conhecido por obras de engenharia militar: começou, em 1598, por projectar o forte Aguada em Goa. Em 1611, fez grandes obras de fortificação em Cochim, Cananor, Mangalor, Barcelor e Onor, portos da costa do Malabar. Em 1621, fez as plantas da fortificação de S. Tomé de Meliapor. Em 1616, ano em que preparou projectos de remodelação do palácio da Inquisição em Goa, o rei referiu-se a ele como "engenheiro-mor do estado da Índia" mas já devia sê-lo antes.

A sua habilidade e experiência construtivas podem ser demonstradas pelo sistema de contrafortes da Sé – a única das igrejas abobadas a pedra de Velha Goa cuja abóbada não desabou e não apresenta danos graves (por contraste vejam-se as ruínas Santa Mónica, de S. Paulo, de S. Domingos, da Graça, e os problemas da cobertura da Senhora do Monte). Além disso, Júlio Simão controlava bem todos os recursos da

linguagem clássica: vejam-se as ordens e molduras usadas no Arco dos Vice-reis ou na Sé. Foi um dos mais importantes arquitectos e engenheiros militares portugueses de todos os tempos.

Se as fachadas e os alçados internos da Sé de Goa são muito clássicos e europeus, já o mesmo não acontece com outros alçados da Velha Cidade: por exemplo a fachada principal da basílica jesuíta Bom Jesus.

De facto, observando as igrejas de Velha Goa, um aspecto particular de algumas das fachadas chama a nossa atenção: igrejas como o Bom Jesus ou a Graça, bem como a igreja jesuíta de Santana de Talaulim, situada a poucos quilómetros da Velha Cidade, tinham fachadas com três ordens coroadas de um remate e ladeadas de torres com cinco ordens (excepto o Bom Jesus que não tem torres). Ora, na arquitectura europeia, o normal é as fachadas de igrejas terem duas ordens com remate, parecendo mais baixas e horizontais que o Bom Jesus ou a Graça. Além disso, nestas igrejas de Goa, as ordens da fachada e das torres são muito atarracadas em comparação com a dimensão normal das ordens na arquitectura europeia ou na Sé de Goa.

Se observarmos alguns princípios da estética indiana podemos encontrar uma explicação possível para estas diferenças. Na estética indiana não existe monumentalidade sem multiplicidade, seja ela de estrutura ou decoração. Quanto maior for o número de formas constituintes, mais monumental a estrutura pretende ser. O elevado número de divisões que se encontram nas fachadas de algumas igrejas goesas deriva provavelmente disto. É verdade que em algumas regiões da Europa (a Flandres, o norte de Itália), aparecem no final do séc. XVI muitas fachadas com mais de duas ordens de altura, caracterizadas também pela multiplicidade de elementos. É possível que houvesse em Goa padres construtores influenciados por estes exemplos.

>>

1. igreja do bom jesus, esquisso de álvaro siza, velha goa, goa

lugares
pessoas
arquitectura

arquitectura religiosa de velha goa   himalayan express

Mas o facto das ordens das igrejas goesas serem atarracadas, esse é mesmo de origem indiana: as convenções indianas permitiam uma maior flexibilidade na proporção dos elementos constituintes.

A ideia ocidental de monumentalidade, expressa pelas dimensões essencialmente, ajuda a explicar a escala da construção em Velha Goa.

A rivalidade com o hinduísmo reflectiu-se na dimensão das construções portuguesas. As igrejas (caiadas, ao contrário dos templos), eram normalmente muito maiores que os templos hindus da região do Malabar. Veja-se o templo de Tambdi Surla em Goa, um dos poucos que sobreviveram da época. Além disso, o culto católico, diferentemente do culto hindu, exige grandes interiores onde albergar multidões.

A influência indiana vê-se sobretudo na ornamentação dos edifícios (fachadas e interior). Esta influência foi aumentando gradualmente ao longo da permanência portuguesa. O facto não surpreende, dado que já existia uma grande tradição de decoração na Índia e não deve ter levado muito tempo a impressionar os portugueses. De qualquer modo, a mão de obra portuguesa era escassa e foi necessário recorrer à mão de obra local. Como exemplos podemos referir a talha e pinturas do Espírito Santo, de clara influência indiana, e a decoração da fachada do Bom Jesus. As volutas curvas de ambos os lados do piso superior, estão adornadas com um motivo radiante de conchas, um desenho serliano (como o portal) frequentemente adoptado mas que aqui é indianizado. Os desenhos em relevo do Bom Jesus são europeus. No entanto aparentam ter sido produzidos por escultores nativos.

O Bom Jesus é a igreja mais ornamental de Velha Goa. Só tem paralelo nas igrejas dos jesuítas de Baçaim e Diu, o que mostra que os jesuítas foram os religiosos que mais longe foram na utilização da decoração arquitectónica para impressionar e educar catolicamente os indianos.

1. torres da igreja de s. caetano, velha goa, goa

Aqui verifica-se uma certa liberdade de proporções que foge às convenções europeias das ordens clássicas que requerem proporções fixas.

Na igreja de Baçaim, a fachada segue o mesmo esquema do corpo central de Diu e do Bom Jesus, com a porta, janela e óculo, e repete os três óculos (dois deles são falsos) no último piso.

Em contraste absoluto com as igrejas de jesuítas ou franciscanos, a igreja da Divina Providência, uma das últimas construções de Velha Goa, é absolutamente não-portuguesa nem indiana. A igreja foi construída pelos teatinos que adoptaram para a fachada um desenho italiano, uma adaptação do desenho do arquitecto Carlo Maderno para a fachada de S. Pedro de Roma. Como no seu modelo, uma ordem colossal de pilastras e colunas une a fachada cuja parte central é marcada por um frontão triangular. A planta é semelhante à da igreja Madonna della Chiara em Reggio Emilia, terra natal do arquitecto principal da igreja de Goa o padre Ferrarini.

O sistema de composição da fachada de S. Paulo de Diu é muito parecido com o do Bom Jesus. A principal diferença está no número de ordens: apesar da proporção das fachadas ser semelhante, S. Paulo de Diu tem apenas dois andares enquanto que o Bom Jesus tem três. Desta ordem "extra" resulta uma fachada com proporções atarracadas, de influência indiana.

Apesar de ser claramente não-indiana a igreja dos teatinos influenciou uma série de igrejas construídas em Goa, na segunda metade do séc. XVIII, (Calangute, Santo Estêvão de Juá, Assagão e Moirá). Estas igrejas são de planta longitudinal sem zimbório. No entanto, este aparece representado na fachada, apenas com uma função cénica. É possível que o gosto por zimbórios à vista tivesse sido influenciado tanto pela igreja dos teatinos como pela arquitectura muçulmana de Bijapur. De facto os templos hindus de Pondá, região conquistada pelos portugueses e anexada a Goa na segunda metade do séc. XVIII, tem zimbórios parecidos tanto com o dos teatinos como com os de Bijapur.

A construção em Goa corresponde exactamente à evolução da encomenda religiosa e civil (real, aristocrática) em Portugal. No entanto, estilisticamente, essa correspondência não existe. Há um desfasamento de alguns anos em relação aos estilos artísticos de Portugal, sobretudo no início do século XVI.

Do período manuelino apenas sobreviveram até hoje a porta da igreja do convento de S. Francisco e o tipo arquitectónico do Rosário, nada mais. Da arquitectura mais vulgar entre o final do reinado de D. João III e D. Sebastião (dita "estilo chão") não vieram até hoje quaisquer edifícios de Velha Goa. Apenas conhecemos parte da fachada de S. Paulo e a fachada de S. Domingos (apenas uma gravura), que não têm nada a ver com o "estilo chão". O partido planimétrico da Sé, pelo contrário, é característico desse período, mas não o estilo concreto dos alçados da obra.

A arquitectura filipina existe abundantemente em Goa (os grandes edifícios foram concluídos ou construídos nessa época). Mas o seu estilo concreto é particular de Goa. Talvez correspondam ao estilo formal de Júlio Simão (a Sé, Graça, Santa Mónica, Senhora do Monte, Bom Jesus, são edifícios com decoração arquitectónica diferente da que se fazia em Portugal no período Filipino). A que se deve esta falta de correspondência estilística?

As estruturas eclesiásticas de Goa mostram de facto uma afinidade maior com fórmulas de Espanha e de Itália do que com produções contemporâneas em Portugal. Isto pode ser explicado pelo facto de, provavelmente, serem os vários membros das ordens religiosas que supervisionavam o desenho e a construção destas estruturas. Estes religiosos eram de várias nacionalidades e possuíam conhecimentos de princípios europeus, principalmente italianos e do norte, e levaram-nos para a Índia. Alguns desses religiosos eram mesmo italianos. A Casa Professa dos jesuítas foi feita por um padre italiano (Valignano) assim como S. Caetano (Ferrarini), um caso mais tardio. Fachadas como a de S. Domingos, da Divina Providência, e a ornamentação das jesuítas, não se encontram em Portugal. As fachadas desaparecidas da igreja dos Carmelitas e dos Dominicanos, sem torres e com a secção central mais elevada ligada às laterais por aletas, eram clássicas e de aparência pouco portuguesa.

Em Goa existem dois tipos de edifícios, os que são típicos edifícios europeus mas em solo indiano (a Sé, Divina Providência e Carmelitas) e um tipo onde as formas são basicamente europeias mas a estética é indiana. Aqui o vocabulário europeu foi retido, algumas vezes até modificado, mas foi trabalhado de acordo com uma sintaxe indiana. Trazidas inicialmente por Portugal, e já tendo recebido aí a sua própria interpretação, as expressões culturais do Renascimento europeu confrontaram-se com as de Goa, onde já existia uma arte poderosa que tinha recebido influências dos diversos povos que aí tinha estado.

Esta acção dos religiosos deve ter-se desenvolvido progressivamente, à medida que os arquitectos e engenheiros militares vindos de Lisboa, sobretudo para as obras das fortalezas da costa do Malabar, começaram no século XVII, a rarear, o que se depreende pelos frequentes pedidos de vinda destes mestres pelos vice reis.

Da síntese artística de ambas surgiu o universo artístico indo-português. As construções portuguesas, embora tenham trazido os seus parâmetros ortodoxos sobre arquitectura e forma exterior, foram não só influenciadas mas passaram também a influenciar templos hindus, especialmente aqueles que foram construídos no séc. XVIII em regiões de influência portuguesa directa: as Novas Conquistas de Goa.

arquitectura religiosa de velha goa

pag.102

1. igreja de santana de talaulim, goa
2. cruzeiro , goa

lugares
pessoas
arquitectura

arquitectura religiosa de velha goa   himalayan express

...e eis que regresso uma pessoa diferente! Lanço agora um novo olhar sobre a vida que levamos. Hoje, busco a melhor imagem do que vi, mas não a encontro pois ela apenas persiste na minha memória!

Fecho os olhos e lembro a vertigem que senti ao aterrar em Bombaim. Recordo a visão infindável de barracas que avistámos do avião, amontoadas umas sobre as outras feitas de plástico e cartão. Sinto o cheiro que imediatamente me inundou as narinas e a caótica movimentação das pessoas e dos táxis parecendo formigas acelerada, que soltam no seu rasto uma nuvem negra de poluição que se entranha nos nossos poros e nos impede de respirar. Recordo o meu terror e vontade de fugir quando dentro do meu táxi de vidro bem fechado, uma mulher de olhar fixo e perturbador com uma criança nua no seu colo nos implorou comida ou dinheiro.

Cerro os olhos e pergunto-me: porque gostei daquele lugar? Terra de conceitos tão diferentes e contraditórios... mas simultaneamente dum fascínio incalculável! Local de extremos, de sensações fortes, de paisagens, calor, cheiro e cores tão intensas!

sónia coimbra

1. 2. 3. funeral hindu, damão, 1961

*Sugandhini ca puspani
Jati kunda-mukhani ca
Eka-vimsati samkhyani
Grhana gana-nayaka
Maha-ganapataye namah
Puspa-malah dharayani
Puspaih pujayami*

paulo varela gomes

107

रामाख्यं जगदीश्वरं सुरगुरुं मायामनुष्यं हरिं वन्देऽहं करुणाकरं
रघुवरं भुपालचूडामणिम् ॥

como ser indianos

passamos a

quando fui à India
pela primeira vez, o aeroporto de Bombaim ainda era um aeroporto tipicamente indiano. Foi o que eu pensei quando, ao perfilar-me perante o oficial da Alfândega, este olhou para uma esferográfica de metal cromado que eu trazia no bolso da camisa tal qual um indiano (mas à maneira do personagem de Moliére que fazia prosa sem o saber). Olhou, olhou outra vez, e disse:Nice pen. Depois esticou a mão e surripiou-a para dentro do seu bolso da camisa.

Estavam pagos os direitos alfandegários a que eu poderia eventualmente ser submetido se por acaso tivesse no bolso uma esferográfica de plástico.

Avancei para a noite quente e poderosa de Bombaim a rir da história da esferográfica e a pensar que, sim senhor, aquilo é que era um aeroporto indiano. Mas não. Noutros aeroportos, de outros países, também se esticam mãos para recolher esferográficas, canetas, notas de dólar.

Quando saíra do avião, duas ou três horas antes, pensei igualmente que aquilo é que era a India, ao pôr o pé na manga e ao vacilar perante a baforada brutal do ar quente, carregado do cheiro de vegetação, diesel e detritos podres. Mas já estive em sítios mais sujos, embora com cheiro diverso do de Bombaim, inconfundível, agarrado às

1. tanque do templo de walkeshwar, esquisso de álvaro siza, bombaim
2. gate of india e hotel taj, bombaim

roupas e à memória para sempre: já estive na baixa de Liverpool num sábado à noite, para não ir mais longe. Ou ainda mais perto: na cidade de Coimbra em qualquer manhã de domingo e em particular depois da Queima.

Tão pouco era indiana a ferrugem que se via por todo o lado em todas as coisas feitas em metal - e era quase tudo feito em metal naquele aeroporto, era tudo duro, feio, quadrado, sólido, sucatado. Ou o linóleo manchado do chão, os carrinhos de bagagem a rodar em três rodas e meia, as ventoínhas a transportar teias de aranha pelo ar espesso, as pálpebras sonolentas e suadas dos guardas, a lentidão balética com que os braços dos oficiais de alfândega desciam muitos carimbos sobre muitos papéis uma vez, e outra, e outra. As horas que se arrastavam. As vassouras de palma com que empregadas intocáveis que ninguém parecia ver reorganizavam os montinhos de lixo tirando-os de um lado para os colocar noutro, deixando pelo caminho uma ou outra beata de cigarro.

Tão pouco era tipicamente indiano o extraordinário caos que me aguardava à porta do aeroporto, tantas vezes descrito divertidamente por tantos ocidentais que vão à India, a carga desenfreada sobre mim e os meus colegas passageiros daquilo que me pareceu ser uma

lugares
pessoas
arquitectura

como passamos a ser indianos   himalayan express

molhada de centenas de milhares de pessoas, taxistas solícitos e agressivos, pedintes com escrobuto, polícias com mais ramelas que atenção, funcionários de hotel com camisa de terylene às riscas. Nada de caracteristicamente indiano aqui. Já vi parecido noutros lados, talvez com menos gente e menos barulho mas certamente com mais perigo para a saúde física dos circunstantes. Em Palermo, por exemplo, a cidade onde a nossa mala é sempre a coisa mais interessante que trazemos, o único sítio do mundo onde a carteira das mulheres atrai mais a atenção masculina que as suas pernas.

O aeroporto de Bombaim era indiano, caracteristicamente indiano, por outra razão: porque demonstrava a soberana indiferença das autoridades indianas pela opinião pública ocidental.

Durante décadas, desde que há aviões, os aeroportos gémeos de Bombaim – Sahar e Santa Cruz – foram a verdadeira porta da India para dezenas de milhares de ocidentais.

Ocorria ali um encontro de culturas – para usar uma expressão que sempre foi idiota e que a solicitude analfabeta dos jornalistas não melhorou nada.

O ocidente encontrava a India ali nas imensas filas de espera quase imóveis, nos corredores manchados de escarros vermelhos de betel. A India olhava o europeu pelos olhos apagados do oficial de alfândega a quem pressa nenhuma impressiona. A India não sentia qualquer necessidade de limpar a repelente sujidade dos bancos onde os europeus desabavam de cansaço. A India encolhia os ombros quando os ocidentais se metiam em táxis a cair de ferrugem e sucata, cheios de mosquitos brutalmente acordados e justamente furiosos, e atravessavam ruas de esgotos negros, mendigos moribundos, barracas de papelão apodrecido.

A India estava-se nirvânicamente nas tintas. Os ocidentais, os seus nojos, repelências e gritinhos de espanto pareciam à India infantis e desinteressantes. Isso é que era verdadeiramente indiano no aeroporto de Bombaim: o ocidente, os horrores ocidentais, as urgências ocidentais, o ordem do mundo ocidental, não existiam. Era como abrir um jornal indiano nos anos 80: a oeste de Teerão e a leste de Hong Kong começava a Lua e os indianos não querem saber da Lua para nada.

A India, a India a sério, basta-se a si própria, contenta-se com a litania que repete para si mesma em discursos oficiais, conversas erráticas e publicações de estado, a litania dos 3000 anos de civilização indiana, a litania da tradição indiana, a litania do que a India tem de único e extraordinário e nunca visto.

Os chineses também não querem saber do ocidente para nada. Mas não pelas mesmas razões ou no mesmo contexto que os indianos. Os chineses não falam inglês nem coisa nenhuma a não ser a sua própria língua. Tudo neles é diferente, a comida, a arte, as expressões do rosto, o cheiro do corpo. Odeiam ou desprezam os ocidentais. Para eles cheiramos mal e somos inferiores, como as aranhas, os cães e outros animais que eles comem. Podemos passear nas suas cidades, sorrir para eles e ser sorridos por eles, empregá-los como criados e até casar com eles. Não são como nós, não nos percebem e nós não os percebemos. São uma raça superior.

Não são assim os indianos. Os indianos são como nós, são das nossas raízes, Alexandre Magno, indo-europeus, sânscrito, essas coisas. Põem picante na comida mas comem o que nós comemos. Percebe-se quando choram ou se zangam. Dá vontade de nos apaixonarmos pelas mulheres indianas. Eles sabem isso. E é precisamente isso que lhes dá orgulho do passado que têm. Orgulham-se de ter mais séculos de arte, arquitectura, música e religião do que nós. Vidram-se-lhe os olhos nesse orgulho. Ficam catatónicos de orgulho. Não querem saber do mundo presente, doloroso, verdadeiro, em que a comparação pode funcionar outra vez – mas agora contra eles. Entram em levitação interior. Alheiam-se. Põem os olhos no ocidental que lhes estende o passaporte e não o vêem, vêem através dele um nebuloso passado.

Tudo isto começou já a mudar com a invasão da India pelo capitalismo moderno.

O ar condicionado passou a funcionar irrepreensivelmente dentro do aeroporto de Bombaim As malas deslizam com elegância. Está tudo sempre em obras. É como na Europa.

Cá fora, os hotéis Leela acharam por bem pagar os arranjos florais e jardínicos que agora debruam as avenidas em volta do aeroporto. A municipalidade, há muitos anos dominada por fundamentalistas hindus cujo extremismo é menos fundamental que a corrupção, livrou-se das barracas e dos pobres que ocupavam os sítios onde agora estão os canteiros. Há uns táxis azuis e brancos chamados Cool Cab. Têm ar condicionado. Os mendigos que lhes batem à janela não são mais nem têm pior aspecto que os sem abrigo da rotunda do relógio em Lisboa.

O aeroporto de Bombaim entrou nessa estranha Zona G (de globalização) esse limbo do capitalismo mundial, essa shopping city intercontinental, essa airport village que une por corredores aéreos e links da internet os sítios limpos e correctos onde não há clima, nem guerra de Angola, nem o slum de Dharavi, o maior da Ásia, tão lindo à noite nos seus milhões de luzinhas quando o

himalayan express   como passamos a ser indianos

avião desce sobre Bombaim e nós nos aconchegamos no ar condicionado e no rock-a-bye-baby das mudanças de regime dos motores, lá em cima, no purgatório da história depois do fim.

Descobri há muito o meu hotel favorito em Bombaim e fico lá sempre que posso. É um edifício da correcta arquitectura inglesa e indiana dos anos 30 a 60 que faz as ruas mais importantes de Bombay Central e Colaba, prédios de meia dúzia de pisos com varandas de cantos arredondados, pintados com a humidade e os líquenes da monção. O meu hotel ainda é do tempo em que os hóspedes tinham famílias e criados. Os quartos são enormes, os corredores largos, as portas estão quase sempre abertas. Há crianças plantadas em frente de televisores, de boca aberta e olhos semi-fechados. Há gentis ou gordíssimas silhuetas de sari, envergonhadas, que se escondem quando passamos no corredor. Há barrigas de cerveja apertadas por toalhas que recebem camisas às riscas ferreamente engomadas à porta das casas de banho. Há muitos empregados com um sorriso permanente tão branco como a farda e com uma simpatia que só é servil para brâmanes, não para europeus. O mobiliário, as cadeiras, as mesinhas, as secretárias, os talheres do restaurante, os fantásticos saleiros e pimenteiros de metal cromado e pesado, são arredondados, baquelitados, metalizados, serenos. Mas principalmente são muito bem feitos, daquela qualidade artesanal da India de antes da globalização que sugeria que os operários que fabricavam à mão, peça a peça, pimenteiros ou fechos de porta tinham sido aprendizes daqueles que embutiram os mármores do Taj Mahal.

No meu quarto, em todos os quartos, o ar condicionado ainda é antigo. Adormeço com um Boeing 747 pousado na janela a experimentar os motores e desligo-o a meio da noite. Gosto de me levantar de manhãzinha e ir à casa de banho porque tem janelas entreabertas para a rua que deixam entrar a carícia súbita do calor e ouvir a gritaria dos corvos, dos motores, das buzinas e de dez milhões de vendedores, muezzins, miúdos, bêbados, mães irritadas com os filhos, senhores de casta alta a insultar rapazes de casta baixa. Na porta estão penduradas as instruções aos hóspedes. Tomo sempre nota de que não posso deixar dormir os meus criados à porta do quarto.

Lá fora está calor e barulho. A camisa cola-se logo às costas e fica logo suja. Há rick-shaws alucinados, taxis, vacas, vendedores, gritos, miudos a correr. O caos é exaltante e perigoso para mim, para muitos europeus. Sentimo-nos super-homens, capazes de tudo, incluindo do pior, olhamos em volta a sorrir, cheios de bem estar, superioridade paternalista e afrodisíacos culturais. A India e Bombaim não querem saber disso para nada e não nos levam a sério. É dentro da nossa cabeça que, no caos das ruas, adoecemos de megalomania e solipsismo.

Não há nenhuma cidade cujas ruas sejam tão desconfortáveis para os europeus: não há bancos onde nos sentarmos, não há esplanadas porque faz muito calor e o ar está cheio de humidade, bichos invisíveis e diesel. Não podemos parar. Não sabemos parar. Não sabemos sentar-nos no chão, num separador de pedra enegrecida e escarrada, numa rocha sobre o mar suja de restos secos de Coca-cola. Não sabemos respirar devagar, respirar contra o calor e o barulho, respirar contra a consciência, não sabemos desabar para dentro, contra o ruído exterior, contra a aparência, contra a ilusão de que existe mais alguma coisa para além do nosso reverberante espírito. Não percebemos que só este alheamento permite, pelo canto dos sentidos, estar tranquilo e atento no meio do caos e do calor.

Em Bombaim dá imensa vontade de rir a conversa europeia sobre o espaço público ou colectivo. Tenho amigos arquitectos de Bombaim, elegantes de Armani e Louis Vuitton, pertencentes àquela aristocracia do estilo que se confunde e bebe copos com a aristocracia propriamente dita em cidades como o Porto ou Bombaim, que desenham incessantemente canteiros, caleiras de árvores, separadores de tráfego, bancos de jardim, placas indicadoras, passeios e centros de rotunda inspirados na Deutsche Technologie, ou lá o que é, tudo na esperança de que um belo dia Bombaim se comece a parecer com a Unter den Linden.

[1] edifício de habitação do arquitecto charles correa, esquisso de eduardo alves, bombaim

Alguns destes esforçados desenhos vão parar acima das secretárias de manda-chuvas bombaítas, secretárias escondidas debaixo do peso de centenas de dossiers bolorentos amarrados com cordéis, manchados de chávenas de chá, untados de servilismo. Os desenhos passam por cima disso tudo propulsionados a dólares e modernidade. Os manda-chuvas mandam executar e os executores executam, expulsando brutalmente dos passeios as famílias de miseráveis que lá dormem, as filas de mendigos à porta da mesquita encavalitada precariamente entre duas árvores e um velho marco de correio, os vendedores de sumo de lima e as suas barraquitas iluminadas a candeeiros de querosene, as vacas, os montes de lixo, os amanuenses que preenchem formulários em velhas Remington pretas. O passeio fica limpo e leva depois uns gradeamentos patrocinados pela TWA ou Bill Gates. A manutenção é barata. Custa o salário de alguns polícias que ficam ali postados e arredondam o que ganham cobrando dinheiro aos vendedores que, pouco a pouco, autorizam a instalar-se ali de novo até à próxima conferência

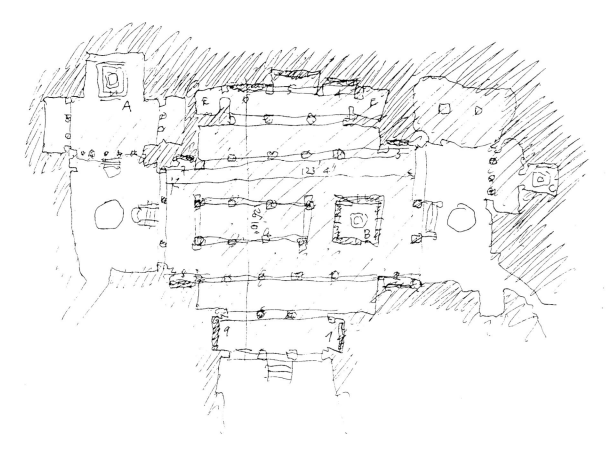

sobre espaço colectivo pronunciada numa das faculdades de arquitectura de Bombaim por um arquitecto recém-chegado de um tour ao ocidente promovido pela embaixada americana.

Recentemente, o Oval esteve no centro de uma destas ofensivas urbanisticamente correctas. O Oval é um green de forma ovóide entre Central e Colaba, mesmo no meio da península, com a Universidade à ilharga. Como qualquer green, em qualquer.parte do mundo, é uma coisa inglesa, um espaço verde à beira ou no meio da cidade

1. planta do templo de elefanta, esquisso de fernando távora, bombaim
2. templo de elefanta, bombaim

(em Bombaim já foi à beira e hoje é no meio) que serve para os ingleses espairecerem as vistas no contraste entre o verde, os vestidos de mousseline branca, os chapéus de linho com fita côr de rosa e as colunatas paladianas acetinadas. Com o tempo, o green já transformado num maidan, palavra que designava um terreiro indiano de palácio e que se aplica agora a todos os espaços urbanos abertos que não são bem praças, nem precisamente largos. São uma espécie de rossios das cidades portuguesas antigas, uma grande clareira que está para ali e serve para feiras, manifestações, festivais populares.

Ninguém exactamente transformou o green em maidan por decreto. Foi uma coisa que aconteceu. O green deixou de ser verde, a não ser durante e logo após a monção. Um mês depois de ter acabado a chuva, o Oval fica castanho e poeirento, devastado pelos milhares de sandálias baratas e Nikes caros dos milhares de bombaítas que lá jogam cricket, passeiam, vendem e compram, cospem e mijam. A toda a volta, perfila-se a moldura construída da Inglaterra tropical. A Inglaterra bombaíta, que foi primeiro da Companhia das Indias Orientais e depois do governo de Sua Majestade, mas sem-pre pouco rígida e estatal, sempre livremente co-mercial, tão livre como livres são os estilos dos grandes edifícios neo-góticos, indo-sarracenos, românico-arábicos, londrino-calcutenses que fazem o orgulho de Bombaim e que são de facto esplêndidos nos seus minaretes, cúpulas, arco-botantes, gárgulas, vitrais. Os ingleses construiram-nos em pedra calcária côr de bolo de arroz. Estão sempre pretos

1. templo de elefanta, bombaim

De líquenes e fumos de diesel mas a complexidade das suas fachadas e coberturas aguenta tudo isso como se fossem esculturas de templos hindus imersos na humidade da selva. As pregas e refegos das fachadas albergam pocinhas de água podre, batráquios e cobras, aranhas e mosquitos. Os vidros embaciam-se em verde alimentando bichos quase invisíveis. De longe, tudo isso fica muito bem por detrás do verde das folhagens, do vermelho-ferrugem dos autocarros double-decker, do zigue-zague negro das asas dos corvos e dos fios da auto-estrada da informação agarrados por arames à realidade terrestre das cornijas e dos troncos de coqueiro.

A face nascente do Oval, vista de longe e em postal ilustrado, é a Inglaterra comercial da viragem de Oitocentos. Parece Liverpool, a cidade gémea de Bombaim do outro lado do mundo, a cidade que recebia de Bombaim o algodão colhido pelos miseráveis e enviava os tecidos que os miseráveis eram obrigados a comprar. É a civilização britânica. Assertiva, orgulhosa e racista, mas não Imbecil. Útil. Interessada em que as coisas funcionem. Interessada também em que o que funciona tenha nisso alguma grandeza.

Do lado poente, alinham-se prédios de apartamentos de luxo, espantosamente grandes para Bombaim alguns deles, porque têm mais que duas divisões numa cidade onde cada metro quadrado se paga com a vida, a dignidade ou a saúde. Vivem nestes apartamentos recheados de imagens de granito preto do período Gupta velhos bombaítas que se instalaram nos anos 30 quando no Oval só havia a Universidade e o sítio era um gheto de intelectuais com nostalgia de Cambridge. Foram estes residentes, habituados a viver entre livros e a sorver fresh lime & soda nas varandas à frescura relativa do pôr do sol de Bombaim, que resolveram salvar o Oval. Salvá-lo! Da multidão, da porcaria, das construções de madeira e cartão, dos miúdos fans de jogadores de cricket famosos, dos vendedores de amendoins e Lakshmis de plástico e luzinhas. Os intelectuais

uniram-se em lobby, juntaram arquitectos e jornalistas, mandaram fazer um projecto, bombardearam a câmara com pressões várias. E conseguiram. A municipalidade mandou despejar o Oval, desalojar os ovalitas. Um gradeamento pimpão de novo e de design substituiu as barracas e os restos de vedações provisórias. A relva foi replantada com muitas desculpas, regas e rezas. Ficou tudo verde, menos o uniforme castanho dos polícias postados em volta. E houve uma function. Há sempre uma function na India, em todas as ocasiões mais ou menos solenes (na India quase todas as ocasiões, por serem ocasiões, são solenes; se não fossem solenes ninguém daria por que são ocasiões). Uma function, suponho eu, é uma coisa que havia na Inglaterra há cem anos, é como dizer jolly good ou by Jove, ou tip-top (os indianos falam o inglês idiomático da classe alta de Londres cerca de 1920. Os ingle-

himalayan express   como passamos a ser indianos

pag.120

1. marine drive, bombaim

ses não percebem nada, nem têm nada que perceber porque aquilo já não é inglês).

Esta function de auto-parabéns pela recuperação do Oval envolveu os itens habituais de todas as functions na India: uma mesa muito comprida para poder sentar as muitas dignidades por ordem descrescente de importância do centro para as periferias. Um ou dois microfones e um PA pendurado nos coqueiros ou montado sobre suportes de ocasião (no caso, os restos de um velho candeeiro de iluminação pública). Muitíssimos ramos e guirlandas de flores. Crianças vestidas de mousseline, as meninas, e de fato completo, os meninos, para dar as flores aos oradores. Um apresentador-compére com sense of humour que faz rir os circunstantes entre cada discurso. Vinte polícias para abrir caminho ao Governador do Estado que não precisa que ninguém lhe abra caminho mas precisa de parecer que precisa.

Decorreu tudo muito bem pelo menos até ao quarto discurso, altura em que fui passear em volta do Oval porque, com as obras, já não se pode passear no Oval sem pedir, se calhar só hoje, dia da inauguração, e só se formos brancos, brâmanes ou tip-top extremely very much incredibly important civil servants.

Ao cair da noite, ando a pé por Marine Drive, o colar da Raínha, as mil e uma noites de néon de Bombay-my-love. Em Marine Drive à noite, eu podia ficar para sempre em Bombaim – tanto para sempre quanto Salman Rushdie lá regressa, sempre e pelas mesmas razões: não se pode viver em Bombaim, não se pode viver sem Bombaim. Em Marine Drive há numa névoa pesada, agarrada ao mar arábico, agarrada à gigantesca avenida marginal que traça um arco de círculo sem fim, percorrido pelos faróis dos automóveis, entre as torres de luz dos prédios dos ricos em Malabar Hill e os néons das empresas dos ricos em Nariman Point e Cuffe Parade. Luzes vermelhas, azuis, brancas, violetas, violentas, ao longe, de cara para o mar e de braços abertos. Compro amendoins. Desvio-me de um passo atlético de jogging. Sobressalto-me com uma buzina enervada. Olho para a escuridão do mar.

lugares
pessoas
arquitectura

como passamos a ser indianos   himalayan express

Do lado de lá do golfo, a uma hora de avião, está Diu a dormir no silêncio do ladrar de dois ou três cães, da brisa que faz estalar silenciosamente a roupa posta a secar nos terraços de pedra, do lamber de ondas perguiçosas nos degraus do porto. Diu, a-sem-tempo.

Acima da linha mais chuvosa da monção, já longe do trópico, Diu é um pequeníssimo ponto na costa sul da Ásia ocidental, essa costa de areia seca, pedras tostadas pelo sol, falta de árvores, terraços sobre casas baixas, minaretes com azulejos azul cobalto, que vai pelo Golfo Pérsico, vai pelo Mar Vermelho e torna-se, de repente, a costa sul do Mediterrâneo, acabando algures por Olhão quando não havia turistas.

Sempre gostei de ilhas pequenas (as grandes não são ilhas, são a Austrália) e tudo em Diu é insular: pequeno, controlado, próximo. Diu é um sítio que se pode imaginar de uma vez e percorrer numa hora. Tem 20 km de extensão, meia dúzia de largura. Anda-se de scooter mas sem se arriscar constantemente a vida porque não há carros, não há camiões, a mota é mais rápida que as vacas e mais previsível.

Deve ser por ser ilha e se poder andar de mota a rir e aos gritos que gosto de Diu, gosto do vento do mar, gosto do silêncio à noite, gosto do sr. Diniz ou Dinesh, conforme o interlocutor, que aluga scooters, gosto da praia de Nagoa onde não há ninguém e das esplanadas semi-desertas do lado do rio, gosto da cerveja com camarões pequenos, gosto de me sentir longe de tudo, a uma hora de avião só dois dias por semana ou à distância de uma viagem terrestre de vinte e quatro horas a toda a volta do golfo de Cambaia.

1. 2. 3. 4. damão, 1960

Em Diu chove quase nada, a pedra é uma espécie de torrão de Alicante um pouco menos amarelo e lembra Malta, lembra o Líbano, lembra Marrocos, lembra o Yemen, lembra Alá e o seu Profeta. Mas há muito poucos muçulmanos em Diu e isso nota-se porque há lixo nas ruelas e pracetas, tosquinhado por cabras. São os hindus que fazem lixo, a sua religião é das monções e confia no poder purificador das torrentes de água – e é também uma religião das castas superiores que não se podem ocupar de pensar sequer em lixo sob pena de se sujarem por dentro. (Esta teoria sobre a origem do lixo indiano é boa. Tão boa que explica a higiene escrupulosa do Alentejo que foi muçulmano há séculos e continua feito da geometria implacável da planície e do sol. Mas já não explica tão bem a sujidade atávica de minhotos, galegos e beirões, que não consta terem alguma vez sido hindus).

Não me impressiona muito em Diu o forte português e a história dos cercos heróicos. Houve uma noite de luar em que parei no pontão do forte debaixo do absoluto silêncio do mar e da pedra, o Fortim do Mar destacado da pretidão da água pelo flash lunar, a grande muralha por detrás de mim, sombria como 500 anos. Não me lembrei de D. João de Castro. Lembrei-me do silêncio, do sossego de estar há muito fora da história, lembrei-me de como quero tanto, tanto, que Diu continue assim, as suas memórias pacificadas pela preguiça, a comodidade, o coçar da barriga à porta da loja pela hora da sesta.

Quando o padre Mariano me dava de jantar coisas picantes e gordurosas, escorridas de suor, debaixo de ventoínha nenhuma, num corredor de imenso pé direito do antigo Colégio jesuíta, a Patrícia a rir-se da poeira e das aranhas, não era

lugares
pessoas
arquitectura

como passamos a ser indianos   himalayan express

tão pouco em arquitectura e glória pátria que eu pensava. Era na escola do padre Mariano que não tinha livros e na sua pequena comunidade católica a esvaír-se dia após dia debaixo dos muros brancos de S. Paulo com gente a partir para Bombaim, para o Golfo, para Portugal, para o cemitério na escarpa sobre o mar, a sul.

Mas há uma história da pátria de que gosto em Diu. É a história da lancha Vega da marinha de guerra portuguesa. Lembro-me da lancha Vega de cada vez que mais um livro de historiador distraído, mais uma prosa de jornalista preguiçoso, vem retomar a lenga-lenga de como Vassalo e Silva se rendeu em 61 e ainda bem que não houve mortos e Salazar traiu fornecendo aos soldados salsichas em vez de granadas e vemos aquelas imagens de soldadinhos de capacete e rendição, imagens triste porque as vemos tristes.

A lancha Vega não se rendeu. Aliás, ninguém se rendeu em Diu, em Damão, no Forte Aguada em Goa, no navio Afonso de Albuquerque, na ilha de Angediva. Não se renderam porque a aviação indiana destruiu o emissor de rádio de Dabolim e

o do Altinho e a ordem de rendição não foi mais longe que Pangim e os Alparqueiros. Mas os motivos não interessam. Nunca interessam nestas coisas, nem os motivos de um lado nem os de outro porque a gente sabe que, em última análise, só um motivo conta: aquilo que o estômago em pavor nos disse para fazer e se o fizemos ou não.

A lancha Vega saiu a barra contra vários navios de guerra indianos e contra a aviação indiana. Não precisava de ter saído mas saiu. Tinha uma tripulação de meia dúzia de homens e uma metralhadora. O comandante disse à tripulação qualquer coisa como: "rapazes vamos entrar no nosso primeiro combate aero-naval". Chamava-se Oliveira e Carmo, o comandante, e recebeu a Torre e Espada a título póstumo de Salazar, a figura mais desgraçada da história portuguesa de sempre, o safado que nos arruinou todo o século XX e nos per-deu o respeito por nós próprios.

1. diu, 1961

como passamos a ser indianos   himalayan express

O comandante da lancha Vega não tem culpa de ter sido condecorado sob um governo presidido por Salazar. Estava morto.

Morreu devagar. Primeiro levou a lancha Vega para o meio dos navios indianos, abriu fogo, fez os danos possíveis. O primeiro avião, à primeira rajada, destruiu-lhe a metralhadora. O segundo cortou-lhe o corpo pela cintura. Com a lancha em chamas e perdida, um dos marinheiros tentou nadar para terra com o tronco do seu comandante moribundo. O marinheiro sobreviveu. Foi o único de toda a tripulação.

O estado português não tinha razão nem hipóteses em Goa, Damão e Diu. Mas alguns portugueses bateram-se. São eles que as forças armadas da India ainda hoje respeitam, são eles que puseram o ponto final de que eu gosto na história de Portugal na India. O resto, os acordos culturais e comerciais da democracia, já não são história, são globalização e Fukuyama. Não me tiram o sono. Às vezes, em Diu ou noutros sítios, lembro-me da lancha Vega, lembro-me da raiva do meu pai perante o descalabro da India portuguesa onde também esteve e que o ajudou a ir até Beja, e há uma espécie de paz que me entra dentro e me reconcilia com a minha nostalgia.

O vento de Diu não é pesado como estas histórias. Varre suavemente as casas branca e baixas, agita a salwar kameez côr de rosa da miúda que separa frutos secos num terraço, passa nos extradorsos das abóbadas das igrejas que não estão

1. damão, 1960
2. diu, 1959

cobertos de telha porque não é preciso e ficam semi-cilíndricos como sólidos de papel numa aula de geometria. É um vento optimista e contente. Sobe-se às sineiras de S. Paulo ou à platibanda da torre de S. Tomé, olha-se em volta para o mar de um lado, o mar do outro, as casas brancas no meio, a pedra do forte adormecida ao sol. E está tudo bem. Apetece andar de scooter.

Esta é terra de palmeiras baixas, nodosas, secas. Não há coqueiros e, sem eles curvados sobre a água, as praias, esbrazeantes de branco e sol, não são promovíveis pelas brochuras turísticas. Quase não há turistas indianos ou estrangeiros. Um ou outro holandês ou inglês errantes trazidos ao engano de Lonely Planets que falam de praias e preços baixos, só acertando nos segundos.

lugares
pessoas
arquitectura

como passamos a ser indianos   himalayan express

himalayan express   como passamos a ser indianos

1. igreja de s. tomé, diu

De mar a mar, como dizem os textos antigos, há uma muralha com torreões e portas que separa a cidade do resto da ilha. Está pintada de vermelho como o Red Fort de Delhi mas, da primeira vez que a vi não conhecia ainda Delhi e lembrei-me antes do Kremlin. Esta muralha é mais antiga que a presença portuguesa mas está cheia de inscrições de capitães e governadores que lhe levantaram a garimpa e as guaritas e lhe reforçaram parapeitos. Ao entrar a porta da muralha, entra-se na cidade que os portugueses diziam que era dos indianos, e era, e é, igualzinha a tantos bairros de tantas cidades do Guzerate. Quando acaba este emaranhado de ruelas e casas de balcão, colunadas e sarapintadas de maneira extravagante, entramos naquilo que era para ser a cidade europeia: ferenghi wadi, o bairro dos brancos, planeado pelas autoridades coloniais para cobrir a distância entre o forte e a cidade guzerate. Nunca chegou a ter gente a sério e parece um daqueles sossegados bairros de vivendas do Estado Novo mais pela escala que outra coisa porque a maioria das casas são dos anos 70 e 80 e de emigrantes.

A calma é alentejana nos passeios frente às vivendas de cortinas corridas, nas ruelas da cidade guzerate, nas escarpas desertas do sul, nas estradas junto aos palmares. Em Diu está-se em casa. Encosto a scooter a um muro e sento-me a olhar para os estuques indianos (e flamengos por via portuguesa) da fachada de S. Paulo. Não se ouvem buzinas. Não se ouve nada. Nem parece a India.

Mas são assim na India os sítios de onde os europeus se foram embora e ninguém os substituiu ou onde ainda estão sob a forma de indianos de religião, hábitos ou convenções europeias. São assim as áreas ex-cantonement de Bangalore ou Pune em cujas avenidas e ruas sossegadas passam fantasmas de coronéis do exército inglês da India. É assim o interior do bairro das Fontaínhas em Pangim onde as janelas deixam ouvir conversas em português. É assim Diu. É assim também Baçaim, onde não vive ninguém há duzentos e cinquenta anos.

lugares
pessoas
arquitectura

como passamos a ser indianos   himalayan express

Quando é domingo de manhã, há muita gente entre as árvores, arbustos, teias de aranha, buracos de cobras, poços, paredes caídas e pedras soltas da velha Baçaim portuguesa conquistada pelos maratas em 1739 e logo a seguir abandonada. No terreno em frente da fachada da antiga igreja jesuíta, uma composição retabular em granito que é a mais europeia e erudita da Ásia, tão não-indiana que parece extra-terrestre, acampam homens de calções e miudos com camisa branca. São católicos de aldeias vizinhas e vêm jogar à bola entre ruínas. Sobre as pedras tumulares portuguesas na antiga igreja franciscana há flores apodrecidas, velas queimadas, pós de cores vivas, vestígios de pujas ao cair da noite ou de madrugada. Quando é domingo de manhã passam por ali e renovam os rituais homens que são talvez sacerdotes, talvez charlatães, talvez magos.

Os arranques das rampas e escadas que dão acesso aos baluartes estão sempre à sombra e sempre escondidos. São o sítio onde Rajivs e Sandeeps, Damians e Florinds procuram desesperadamente pôr a mão dentro da blusa do sari ou por debaixo da salwar kameez de Meenakshis e Sunitas, Rosalinds e Anjelis, enquanto é domingo de manhã e os pais não vão bater à porta da colega em casa de quem elas deveriam estar a estudar para os exames do 10th standard.

Se Baçaim não tivesse sido conquistada há duzentos e cinquenta anos, se os habitantes lá tivessem continuado até hoje, católicos e sossegados, se as propriedades e casas tivessem sido passadas continuamente de geração em geração, se tudo isto tivesse acontecido (e podia ter acontecido), Baçaim seria igual a Damão, a cidade-aldeia rodeada ainda da muralha portuguesa como Baçaim, mas com habitantes, o padre que passa de bicicleta, o som da RTP internacional, a Dona Audozinda que tem família ao Areeiro.

Damão é uma paz de alma. A cidade foi traçada à maneira imperial no tempo dos Filipes mas nunca se encheu de gente e casas. É um tabuleiro de xadrez onde os jogadores só colocaram meia dúzia de peças. Há imensos lotes vazios com hortas, vagas paredes de improváveis casas, um convento dominicano em ruínas colocado num canto de modo a parecer que ainda está em obras e que, qual-quer dia, qualquer século, se acaba, uma igreja franciscana de cobertura caída há cem anos, à espera de dez miraculosos laks de rupias para obras, ao lado de uma escola de betão cheia de crianças uniformizadas, todos – betão e uniformes de crianças – de côr vermelha e amarela. Nas ruas secundárias não passa ninguém e nem os cães se desviam de nós o que, na India, quer dizer que não estão habituados a encontrar seres humanos como são todos os seres desumanos da India que têm o pontapé como primeiro gesto para os cães.

Gosto mais das praias de casuarinas. Não são exactamente praias porque a linha da maré está muito longe da costa e medeiam entre uma e outra muitas centenas de metros de rochas e limos. Com isto e sem coqueiros não há beach resorts e é uma abençoada pasmaceira na qual se pode sentir o vento a passar entre os ramos ténues das casuarinas como se fosse pelo cabelo ralo de uma criança ou de um velho.

Para o lado norte de Damão Pequeno, uma cidade completamente indianizada que é porca, caótica, barulhenta e muito maior que a sossegada Damão Grande, ficam alguns quilómetros de vivendas e simpáticos hoteis junto à costa. Já existiam na época colonial e já nessa época eram casas de burguesia indiana. Nos anos 40 e 50 os indianos vinham a Damão pelo motivo que ainda hoje atrai milhares de visitantes de fim de semana: apanhar uma bebedeira. O Guzerat é um estado seco. Bebe-se mas não é legal e não é confortável beber como eu por vezes bebi, a cerveja disfarçada em chávenas de chá por simpáticos criados de hotel que arriscam uma multa ou o pagamento de luvas ao inspector. Não é confortável e não parece bem ficar bêbado de chávena de chá na mão.

Os burgueses de Bombaim ou Baroda ou Ahmedabad têm casa em Damão para poderem ter uma garrafeira para os amigos. Os pobres vêm a Damão para beberem uma garrafeira inteira em 24 horas. As casas dos burgueses alinham-se entre a estrada para norte e a costa, dando àquilo tudo um ar de S. Pedro de Moel nos trópicos.

Alguém que esteve aqui pouco antes da anexação de 1961 deu conta de dezenas de casas fechadas, quando o corte de relações com a India levou ao encerramento da fronteira. As garrafas ficaram a apanhar pó. Foi precisa uma guerra para voltarem a saltar as rolhas. Ainda hoje as casas estão fechadas quase todo o ano. Abrem de vez em quando ao fim de semana e em particular no Diwali e nas férias grandes de Abril e Maio, pouco antes da monção, quando faz um calor inacreditável. Aqui e ali entre as moradias, há um hotel baixinho e semi-deserto com famílias inteiras a tomar banho na piscina de sari e t-shirt. Quando o vento do fim da tarde sopra um bocadinho mais do golfo de Cambaia para as esplanadas em cima do mar, um copo de Kingfisher sabe como passear de TT descapotável na Promenade des Anglais em Nice.

Kingfisher! De certeza absoluta, a melhor cerveja do mundo que há na India! O pássaro pintado no rótulo (martim pescador, martin pêcheur) tem penugem azul vibrante e uma cabeça ridícula com um bico descomunal, castanho. Na minha casa em Dona Paula passava um muito rápido, soltando um piar agudo, todas as manhãs. Chamávamos-lhe o kingfisher das oito e um quarto.

A primeira vez que ouvi falar de Dona Paula foi pelo meu pai. Pensei que era um bordel ou pensão rasca. Nada disso. É um sítio onde, aparentemente, a elite colonial portuguesa e a elite colonizada goesa iam passear aos fins de semana e os oficiais portugueses tomavam banho de mar. Na minha cabeça desfilava uma avenida marginal com pérgola de pedra e betão, raparigas de saia rodada, oficiais de calções caqui e óculos Ray Ban.

Cinco décadas depois, Dona Paula tem a avenida, tem a pérgola (numa antiga ilhota rochosa ligada a terra firme por um comprido pontão), tem as raparigas católicas de saia rodada que se vestem ao domingo tal qual nos anos 40 com vestidos de ombros tufados e saiotes por debaixo da saia. Mas já não há oficiais porque os da marinha indiana não se passeiam de uniforme ou não andam muito pelas bandas de Dona Paula mas do

outro lado da foz do Zuari, perto de Mormugão, onde têm a sua base.

Há outras diferenças em relação ao período colonial: há muito mais gente a passear em Dona Paula, há uma democracia inteira de gente a calcorrear o pontão cheio de papéis de gelados, latas de coca-cola, beatas de cigarro, papelinhos de ervas de mascar, saquinhos de plástico azul fornecidos para guardar tudo por todos os vendedores e vendedoras da India. A praia está intransitável de barcos atracados, bosta de vaca, montes de lixo. Por cima, a colina tem mais vivendas que coqueiros, mais hotelzitos que miradouros. A Dona Paula aconteceu o mesmo que às Armações de Pêra todas que há no mundo. Mas para lá da colina, para o lado do Mandovi, abre-se – num centre-fold a três dimensões e à escala 1/1 da revista Architecture & Design (versão sul da Ásia) – a Dona Paula das vivendas de managing directors, secretariat members, consultant engineers, milionários de apelido Chowgule e Salgaokar, manda chuvas estrangeiros de passagem como eu próprio fui. As casas pousam brutalmente as suas patorras de pedra e betão e

lugares
pessoas
arquitectura

>>

como passamos a ser indianos   himalayan express

escanqueiram as suas balaustradas de gesso, beirais duplos e triplos, colunatas de cenário, sobre a encosta virada à foz do Mandovi de onde vem o vento fresco do norte no verão de Abril e Maio, e onde não bate de frente, a partir de Junho, a violência sudoeste da monção.

Quando o kingfisher das oito e um quarto passava, os meus olhos seguiam-no sobre a margem do Mandovi desde a linha fechada no horizonte pelo Forte Aguada, lá ao longe, até à colina dos Reis Magos, ao monte de Verém, ao Altinho, já do lado de cá do rio, o azul intenso do céu, o barulho de um Kadamba bus tresloucado, o ladrar dos cães, o tilintar da campaínha da bicicleta do padeiro que falava português mas só para dizer bom dia.

Tecnicamente esta encosta norte já não é Dona Paula, mas sim Taleigão, o planalto de Taleigão. Dona Paula, porém, soa melhor. Soa a latino-tropical e isso é o que vende Goa aos turistas indianos em busca de despaízamento e mulheres brancas de bikini.

Toda a gente sabe de onde vem o nome de Dona Paula à maneira daquilo que toda a gente sabe na India. Foi uma antiga pro-prietária do sítio. Foi a amante de um Vice-rei que ali tinha uma casa. Foi uma abadessa das mónicas da velha cidade que arrendava ali um coqueiral. Foi um barco naufragado que tinha esse nome em homenagem a uma crioula da Baía.

São-nos facultadas todas estas verdades históricas por pessoas diferentes, todas profundas conhecedoras, todas com a maior cara de pau. E passa-se o mesmo com todos os assuntos: o PIB da India? Os avatares de Vishnu? Porque é que algumas raparigas hindus usam a tikka antes do casamento e outras não? O horário do bus para Candolim? Quem ganhou a segunda guerra mundial?

Uma vez a minha irmã foi-me visitar a Goa. Correu tudo normalmente como se estivéssemos na Alemanha, com os carros alugados a aparecerem a horas, os telefones a funcionarem, etc. Um tal escândalo de globalização intempestiva não podia durar. Deste modo, no dia da partida houve

uma greve dos aeroportos e ninguém saía de Goa pelo ar. Pelo mar era possível mas só no barco das 9 da manhã e já eram 10. Conversa com um motorista de taxi, orgulhoso possuidor de um mini-van Maruti, modelo Suicide:
Tenho que estar em Bombaim à meia noite e agora é meio dia. Acha possível?
No problem.
Então quanto tempo leva daqui a Bombaim?
Catorze horas.
Mas eu tenho que estar em Bombaim à meia noite!
No problem.
E assim sucessivamente. No problem, toda a gente sabe a resposta a tudo e tem solução para tudo e ninguém hesita em avançá-la porque ninguém quer perder a face. Experimentem ler livros sobre a religião hindu, suas crenças e ritos. Não há dois iguais. Os autores, ou são fidedigníssimos especialistas ocidentais que ouviram expertos indianos, ou são estes últimos em pessoa.

Entre Dona Paula e Pangim, ficam Miramar e o Campal que eram uma espécie de Estoril de Goa, consistindo em vivendas modernas no meio de jardins, uma grande alameda de enormes árvores e sombras verdes, um jardinzito formal com busto de grande homem. Está tudo na mesma, digo eu, a julgar pelas fotografias antigas. A India fez construir um centro cultural (a Kala Academy), os corvos, as vacas e a humidade deram cabo de bancos de jardim e balaústres, as plantas não param de crescer, totalmente indiferentes à nacionalidade dos jardineiros. Os indianos (de acordo com os goeses católicos, indianas são as pessoas de passaporte indiano que não nasceram em Goa e são hindus ou mouros), chegam ao Campal e tiram fotografias porque aquilo ainda se parece com uma ideia longínqua de Simla ou Darjeeling. Os indianos nunca foram ao Estoril mas conhecem Simla, que é a mesma coisa, é do tempo antigo, é verde e fresco, lembra montanhas e casinos.

Nos arredores da rotunda de Gaspar Dias estão dispostos alguns canhões enferrujados do século XVIII que eram para recordar a fortaleza que ali existia mas lembram antes adereços de um filme de piratas interrompido por pressão dos credores. À medida que vamos entrando em Pangim este género de overlapping cenográfico pós-moderno torna-se mais convincente: por exemplo, toda a gente seria capaz de apostar que foi de facto feito na década de 1840, como conta a história local, o antigo monumento de Afonso de Albuquerque no largo que hoje é maidan. O monumento foi. Mas as colunas compósitas que sustentam a cúpula vieram da igreja de S. Domingos de Velha Goa, demolida nessa altura. O portal do edifício do Secretariado (antigo Palácio do Governador) e os dois portais do quartel da polícia provêm da destruição da igreja dos carmelitas também em Velha Goa. Metade das pedras de Pangim são o sonho de Velha Goa desfeito, desmontado e reciclado pelas próprias autoridades coloniais portuguesas, que agiram com o gosto antiquário pela peças de arte fora de contexto que caracteriza o século XIX.

Interessante é que esta recuperação das "belas pedras" da Goa também pode ser lida como um gesto indiano (ou, de um modo geral, arcaico). Na India, ainda hoje, não se desperdiça nada, nem destroços de máquinas obsoletas ou acidentadas, nem restos do papelão de caixas de embalagens de pasta de dentes. Na India, há milhões de pessoas que vivem de recuperar e reciclar resíduos sólidos nas condições ignóbeis que se conhecem mas que não fazem obrigatoriamente parte da coisa e muitas vezes não deixam ver que, na India, não há, por esta e outras razões, nem gente inútil, nem gente que se sente inútil. Também não há coisas inúteis, tempos inúteis. Tudo, na India, é reciclável sem para isso ser precisa a discursata self-righteous (como se diz isto em português?), de uma cultura que perdeu a memória de também já o ter feito e acha que fazê-lo é uma estrondosa ideia nova de intelectuais verdes espertalhões. Na India só se desperdiçam vidas: humanas, animais e vegetais. Mas não coisas. Na India não se desperdiça nada, nem sequer impérios caídos.

1. mercado de margão, goa

Velha Goa, que os goeses católicos mais antigos apropriadamente chamam a Velha Cidade, está a ser reciclada pela India. Foi a maior metrópole europeia fora da Europa desde o início da expansão ocidental nos primeiros anos do século XV até ao século XIX. Em Goa havia edifícios feitos por portugueses, italianos, espanhóis. Foi um holandês quem primeiro pintou um panorama da cidade, as primeiras descrições a sério foram feitas por franceses. Existem lá torres poligonais e ornamentos de gesso de origem muçulmana, altos relevos hindus, altares de mármores e cúpulas italianas, uma catedral parecida com a de Portalegre, uma igreja que lembra Olivença com uma porta típica de Évora e uma outra que tem uma fachada imitada de S. Pedro de Roma de-

lugares
pessoas
arquitectura

como passamos a ser indianos   himalayan express

himalayan express   como passamos a ser indianos

1. rua em margão

senhada por um arquitecto de Reggio Emilia. Numa palavra: Goa era uma cidade da União Europeia de há 400 anos construída através de uma espécie de protocolo de cooperação mais ou menos involuntária com hindus de Viajayanagar e muçulmanos de Bijapur, ou seja, com a India que havia na altura.

Hoje, enquanto a União Europeia e o seu sócio mais próximo, Portugal, assobiam para o ar, Velha Goa transforma-se cada vez numa espécie de parque temático sucatado, com meia dúzia de grandes igrejas no meio de relvados que parecem campos de golf e um serviço arqueológico que tem como orçamento anual o que o IPPAR gasta em caixas de agrafos - e não admira porque a India tem mais do que se ocupar do que dos monumentos católicos de uma antiga potência mini-colonial, a India tem o Taj e Fathepur Sikri, os templos de Orissa, as ruínas de Vijayanagar, as grutas de Ellora, os templos de Tamil Nadu. A India tem mais monumentos espectaculares por metro quadrado que a Itália.

Por debaixo da relva, dos matagais, das vivendas e lojecas clandestinas que vão despontando como se estivéssemos à beira de qualquer IC da Região Centro, está Velha Goa nas três dimensões dos arranques das paredes das casas, casarões e inúmeras igrejas desaparecidas. Por debaixo da erva e dos coqueiros está uma potencial Pompeia nos trópicos, uma mina de ouro turística. Mas deixemos esta quimera do ouro, deixemos a Velha Cidade permanecer onde pertence, nas proverbiais brumas da memória (é claro que seria mais fácil esquecer se ignorássemos que as ruínas da grande cidade hindu de Vijayanagar, situada a 500 km de Goa, estão a ser escavadas e estudadas por investigadores norte-americanos e indianos, com dinheiro norte-americano. Mas cada macaco no seu galho. A especialidade portuguesa moderna não é ter iniciativas. A especialidade dos portugueses modernos não é a memória. É mais as brumas).

Mário Miranda, pelo contrário, lembra-se de muitas coisas - mas não admira porque é um português não moderno, ou seja, é um goês.

Está sentado numa cadeira Voltaire, no alpendre à beira do pátio interior da sua grande casa em Loutolim, território católico de Salcete. Conta que, em noites de festa, se levantava pé ante pé para vir espreitar por entre os balaústres da escada os convidados dos seus pais que chegavam, iluminados pelos candelabros que atraíam galáxias de insectos e lambiam de luz os vestidos compridos carreando até às galerias mais frescas do pátio a poeira, o brilho da seda e os pequenos tufões de ar quente nas pregas rodadas. Mário Miranda lembra-se das dragonas douradas dos oficiais portugueses, dos seus pescoços brancos debruados de suor, do sulco rasgado entre os convidados pela chegada do Governador Geral e da sua comitiva, do salão completamente cheio com as grandes janelas abertas aos mosquitos, ao ladrar irritado dos cães, à curiosidade dos macacos, da música ponteaguda proveniente dos violinos empenados dos músicos da igreja, das travessas de chamuças fumegantes evoluindo pelas salas e galerias com mais determinação que os dançarinos, dos criados a sumir-se como toupeiras da história na profunda cozinha, negra de fumos, por onde a casa começa a confundir-se com a floresta.

A casa dos Mirandas é uma casa de janelas abertas e luzes acesas. Durante muitos anos, esteve silenciosamente acocorada no seu canto entre árvores e pedras velhas, numa encosta densamente arborizada á saída de Loutolim, invisível da estrada, precedida de um jardim murado do final do século XVIII que lhe servia como mais uma muralha contra o barulho do mundo. A primeira vez que lá fui, só Piedade, o velho cozinheiro, andava por ali como um go between do tempo. Depois, Mário e Habiba Miranda regressaram de Bombaim e encheram a casa de tralhas de estilo e sem estilo, modernas e antigas, um frigorífico pintado de contador, um contador a servir de armário de louças, cadeiras enormes com bulldogues a dormir em cima, sete deles, fora outros cães convidados. Habiba limpou o pó, desalojou aranhas, gekhos e macacos, avivou pinturas, recuperou móveis, libertou o grande pátio

1. casa dos figueiredo, loutolim, goa

de plantas inúteis e deixou crescer as árvores para o céu, sobre os grandes telhados sanqueados, dobrados pelo calor e a indolência.

Habiba é ainda uma estranha em Goa, é ainda uma indiana, não de outro sítio mas de outra época, quando havia India e Goa, e eram coisas distintas. Todavia, vivendo na casa, confundida com a casa, escapa todos os dias a essa estranheza e cria uma maneira indiana de se ser goês. Por exemplo: nunca convida para jantar menos de 20 pessoas e o resultado é que na casa ressoam vozes em hindi, concani, inglês, canará, bengali, português, alemão, francês e americano, e a casa fica tão grande e variada como a India. O cônsul francês em Bombaim, a anglo-indiana incrivelmente queque de Simla, a jovem artista holandesa de olhos de gato que trocou uma pensão rasca em Baga por uma cama com pergaminhos e um título dado por SM o rei D. Luís I, cirandam de copo na mão por aquelas noites iluminadas e talvez pensem que a casa é cosmopolita. Mas não é. Quando desvio os olhos e as ideias da barafunda internacionalista e olho para o negro das árvores, ou quando opero um verdadeiro

himalayan express   como passamos a ser indianos

1. 2. 3. debulha de arroz, corturim, goa

pag.142

lugares
pessoas
arquitectura

como passamos a ser indianos   himalayan express

time-warp pirando-me para o andar de cima, ainda completamente deserto (a madeira a ranger com passos de osgas e peso dos anos), percebo que podemos ficar em silêncio e deixar a casa lembrar-se, deixar que a casa trabalhe em nós a memória que tem daquilo que Mário Miranda recorda, as festas antigas, o sossego das aldeias de Salcete, o padre jesuíta, o hino da Carta (e depois a Portuguesa) cantados no adro da igreja, a miséria dos aldeões – em resumo, a novela de Júlio Diniz nos trópicos que foi a Goa do Estado da India até aos anos de 1940. São essas memórias que dão à casa um sítio, uma fundação, e a India apropria-se de tudo isso porque a India é o silêncio que envolve uma data de gente a falar ao mesmo tempo, o silêncio para onde podemos de repente olhar e onde podemos de repente desaparecer para dentro.

A casa é goesa e indiana. Se Habiba lhe trouxe a India, Goa já lá estava. De certa maneira, o regresso definitivo de Mário Miranda e Habiba a Loutolim em 1997, foi a anexação de Goa pela India, certamente mais feliz que a outra, a de 1961, mais harmoniosa, menos a ranger os dentes de ressentimento. Para mim, a casa é o missing link entre mim e coisas que nunca fui, ao fazer-me luso-indiano ou indo-português, a única maneira de um europeu ser indiano e vice-versa que já se inventou.

Em Pangim existem ainda dois clubes do tempo colonial que, ao contrário da casa Miranda, mostram muito bem como se pode esquecer o segredo deste morphing transcontinental: são eles o Nacional, instalado numa velha casa de varanda corrida não muito longe do hotel Mandovi; e o Vasco da Gama, que foi parar ao segundo andar de um prédio de muitos construído no lugar da sua antiga sede, na antiga praça do município. O Nacional resume o essencial da sua sobrevivência ao baile anual de finais de Outubro, já famoso no tempo do meu pai, e agora característico baile goês tardio, ou seja, proto-indiano, com smokings demasiado quentes e lambadas demasiado franco-brasileiras. O Vasco da Gama, esse, mantém restaurante aberto todos os dias mas a varanda tem demasiado aspecto de espaço comum de condomínio para lhe sobrar qualquer capacidade evocativa ou vontade de espairecer. Fica-se ali a apanhar calor e o chão não está muito limpo. O Nacional e o Vasco da Gama, tendo deixado de pertencer a Goa, e sem serem ainda da India, não são coisa nenhuma. Nem num nem noutro clube aprendemos seja o que fôr de útil sobre a história, o confronto de civilizações, a dialética Europa-Ásia e a qualidade do whisky. Estes clubs não têm interesse nem bar. Já do Gymkhana de Nova Delhi se não pode dizer o mesmo.

O Gymkhana é um grande bungalow euro-tropical paladiano anglo-sarraceno com uma entrada solene e porticada onde se podem ver inúmeras placas de pedra com letras de bronze ostentando (é mesmo este o verbo) os nomes de membros e benfeitores (members & benefactors) desde o tempo da rainha Vitória até hoje.

Nas placas mais antigas só há nomes ingleses porque nos tempos coloniais só ingleses podiam frequentar o Gymkhana e todos os criados indianos que lá havia eram invisíveis. Nas placas pós-1946, ninguém se incomoda com estes antecedentes e os nomes são quase todos indianos embora os indianos que andam pelo Gymkhana pareçam quase todos ingleses em pronúncia, pose, hello darlings how are yous, e CBEs, IAS, ISC, OBEs, PhDs à frente dos nomes nas placas. As côres das paredes e colunas ajudam a este encontro de culturas (quando a gente diz isto muitas vezes passa a irritação e começamos a ver a ironia da coisa): são as cores do civil service britânico, verde mata borrão, castanho carimbo, creme dossier.

O Gymkhana foi feito pelos ingleses. Sucedeu o mesmo com Nova Delhi, com a India enquanto país, com a classe alta indiana que frequenta o Gymkhana. Para um indo-português como eu não deve haver sítio mais estrangeiro no planeta.

Sinto-me lá como um pardalito numa loja de bigornas e as únicas referências que tenho para aceder àquilo, as séries da BBC, estão sempre pelo menos 50 anos atrasadas em relação à India de hoje. A minha sorte é que só se vai ao Gymkhana a convite de sócios amigos e a solução é deixar estes amigos sócios descriminar negativamente entre empregados do ponto de vista da casta e escolher entre o buffet anglo-bengali, anglo-persa e anglo-Macdonalds.

E, no entanto, gosto de Nova Delhi que me farto, gosto até mais do que de Bombaim, que me perdoem Salman Rushdie e o sr. Fernandes da recepção do meu hotel bombaíta. No mundo inteiro só há mais três cidades como Delhi: Roma, Istambul e Jerusalém. São as quatro mais densas e misteriosas cidades do mundo. Talvez Alexandria seja a quinta mas só a conheço do livro de Lawrence Durrell e dos documentários do Canal História.

Delhi é a mais recente. Tem um passado remoto mais ou menos lendário mas, como grande cidade capital, data de antes de ontem, do século

1. jantar mantar, observatório astronómico do séc. XVIII, nova delhii

XII. Delhi é uma criança ao pé das outras, velhíssimas, Roma com quase três mil anos de idade, Jerusalém ainda mais antiga. Mas não é a idade que torna estas cidades singulares: Lisboa é mais velha que Delhi. Pensando bem, até Salvaterra de Magos é mais velha que Delhi. Tão pouco é a história. Não há vila que não tenha história e até – se fôr portuguesa da época dos autarcas-QCA – centro histórico.

Também não se trata de que todas as quatro cidades foram sede de impérios. Sucedeu o mesmo a Pequim, ou Londres, ou México, ou Lisboa, ou Veneza – e nem por isso pertencem à mesma categoria.

Jerusalém, Roma, Istambul e Delhi não são cidades-museu, entendamo-nos. Cidades-museu são, como nos explicam todos os guias, atlas, documentários e placas indicadoras na A1, grandes e famosas cidades monumentais como, por exemplo, Florença, Paris, Londres, Nova Iorque e Coimbra. São cidades onde há edifícios e áreas de várias épocas históricas, mais ou menos preservados, mais ou menos contíguos, mais ou menos funcionantes, mas onde a época tardo-moderna arrumou fronteiras, colocou letreiros, submeteu tudo ao imperialismo moderno e turístico da imagem. Vê-se o que há para ver e não interessa mais nada senão o que é visível, ali um bairro gótico, acolá umas casas Arte Nova, e um Museu da Cidade para resumir isso tudo.

Jerusalém, Roma, Istambul e Delhi são mais cidades-palimpsesto, cidades tendencialmente sujas e desarrumadas tanto na forma como nos tempos das formas. São cidades onde as épocas e os vestígios das épocas se misturam, sem que seja muito claro o que é o quê. É mais cidade-palimpsesto a Jerusalém árabe, onde podemos entrar numa loja do bazar para beber um café turco e esbarrar numa coluna romana de 60 d.C., que a Jerusalém israelita, muito arrumada e soporífera. É mais palimpsesto Velha Delhi que Nova Delhi, o Campo dei Fiore que o Forum.

Nos antigos palácios da nobreza muçulmana de Velha Delhi encontramos hoje chawls espectacularmente porcos e arruinados com oficinas de reparação de Enfields e Hero-Hondas, bordéis, quartos de dormir de homens, mulheres, crianças, respectivos pais, sogros, cunhados, primos até à 28ª geração, instalados uns em cima dos outros entre as paredes carcomidas e rachadas de antigas zenanas, por debaixo das escadas de madeira podre que antigamente conduziam a varandas de delicados pilares de mármore sobre o rio Jumna, entretanto roubados e vendidos a antiquários franceses e turistas ricos de Bangalore.

Jerusalém, Roma, Istambul e Delhi, foram capitais de impérios ou reinos, muito diferentes entre si, que se sucederam de maneira violenta, uma violência que deixou marcas terríveis nas histórias que se contam dos vários sítios. São cidades onde as coisas urbanas, aquela esquina, este palácio, aquele portal arruinado, este espaço agora vazio, só adquirem forma e significado quando se contam as suas histórias, histórias tão densas que não cabem em nenhuma placa e não são dizíveis pela voz mecânica de nenhum guia turístico.

Não se faz uma menção casual à destruição de Roma pelos Vândalos e à sua lenta transformação na Idade Média (casas a nascer entre os arcos do Teatro de Marcelo), escrevem-se livros como o de Krautheimer (Rome, profile of a city). Não se menciona de passagem o dia em que as tropas britânicas conquistaram Delhi rua a rua, casa a casa, no Grande Motim de 1857, com pavorosos incêndios que destruiram bairros inteiros – para depois nascer esse prodígio do planeamento urbano moderno que é Nova Delhi, colocada em volta das sete lendárias velhas Delhis e agarrando-as todas numa espécie de utopia da unidade impossível.

Jerusalém, Roma, Istambul e Delhi são cidades menos para ver que para pensar, são cidades de contadores de histórias, cidades de junto à lareira, cidades de um tempo de livros e leituras. Não são cidades imagem. São cidades que só existem se houver livros sobre elas e só são desfrutáveis pela leitura. São cidades-livro.

Não podem ser simplificadas. Roma, que tem sido intensamente arrumada, patrimonializada, turisticada e modernizada, não deixa de ser um dos sítios mais densos do mundo, denso de histórias e de lendas, que são tantas, e envolvem tantas culturas e religiões, tantas épocas e pessoas, que são irredutíveis á legenda de qualquer fotografia ou ao texto de qualquer documentário.

Também em Delhi tenho um hotel favorito e desta vez posso dizer o nome porque é tão caro, tão caro, que podem todos ir para lá à vontade (eu já não tenho dinheiro para isso). O Imperial (eis o nome) foi recentemente modernizado, que é que se há-de fazer, ou seja, ficou com quartos mais pequenos (na India é assim, antigamente tudo era maior, não mais pequeno como na Europa). Desapareceram os quartos tamanho campo de futebol de salão, com redes mosquiteiras, mobília de teca, ventoínhas gigantescas, escrevaninhas lá longe, junto à parede, que pareciam adereços de filme.

Mas houve coisas que não mudaram no Imperial: o estilo Art Déco inglês (seco, vestido de caqui, prático, no nonsense), o enorme bar com balcões de teca, espelhos modernistas, cadeiras de verga, os jardins cobertos de orvalho e pardais pela manhã, a banda de smoking e lacinho a tocar no restaurante às sextas-feiras. O Imperial é uma excelente introdução a Nova Delhi, à India um pouco stiff upper lip do norte, a India que os ingleses amaram.

A cidade nova tem uma malha urbana de avenidas de quatro a seis faixas de rodagem dispostas radialmente a partir de enormes rotundas. No verde entre este sistema arterial de alcatrão, em edifícios baixos escondidos pelas árvores, pelos portões e pelas espingardas dos polícias, vivem os altos funcionários da colossal burocracia do estado, os diplomatas, os representantes das grandes empresas multinacionais. Esta foi a cidade desenhada pelos ingleses para eles próprios e os seus indianos amestrados. Nas fímbrias da malha radial aparecem zonas comerciais e de escritórios, tanto mais indianas – em dédalo, poeirentas, pletóricas de gente e barulho –- quanto mais próximo se está da cidade velha, onde tudo explode em gritaria, lixo, miséria apavorante, imensa vontade de sobreviver e enriquecer.

Em Nova Delhi, uma das mais extensas cidades que existem no mundo, só se anda de carro. Ou seja, a cidade foi planeada pelos ingleses no início do século XX mas resultou talvez por acaso numa cidade do século XXI. Provavelmente porque não se quiz fazê-la à maneira um pouco simplória das vanguardas modernistas europeias, percebendo-se que os carros às vezes param e que é preciso que, onde param, haja coisas para comprar, claro, mas também coisas para ver e para festejar. Por exemplo: no meio da malha radial, Luytens e os planeadores ingleses fizeram o Raj Path, uma alameda do tamanho da república de San Marino que termina a poente numa elevação onde poisam os principais edifícios do estado, muito bonitos mas dotados de toda a arrogância imperial de que os ingleses são capazes. E são capazes de uma incrível quantidade de toneladas de arrogância expressa em cardumes de colunas de pedra, manadas de cúpulas semi esféricas, enxames de arcos contra curvados. Tudo aquilo é extraordinário, de tirar a respiração e de cantar o Rule Britannia. É indispensável parar o carro, sair e olhar. O tamanho da alameda e dos edifícios (enormes mas encolhidos pela dimensão do espaço vazio) torna o movimento paradoxalmente inútil. As dimensões são para contemplar, não para ver de passagem.

De contemplação tratou também Luytens ao envolver com a sua malha radial alguns dos mais belos sítios da arquitectura de todos os tempos: os túmulos, mesquitas e fortes que os sultões de Delhi construiram nas suas sete sucessivas capitais, de Velha Delhi para sul ao longo do Jamnu.

Nos parques que os ingleses fizeram em volta das ruínas antigas há pouca gente, as multidões andam pela cidade antiga ou, quanto muito, no sopé do minarete Qutb, a sul da cidade, o mais velho minarete de Delhi. Nos parques, só há casais de namorados, pássaros que ficam absolutamente histéricos na frescura do crepúsculo e bandos incansáveis de esquilos (alguém é capaz de fazer o favor de me explicar porque é que não há esquilos em Portugal? Há esquilos em todo o lado, há esquilos em Londres e em Delhi, em Nova Iorque e no Rio de Janeiro. Porque é que não há esquilos em Portugal? Onde é que nos devemos queixar? Junto de que entidade é preciso apresentarmos uma reclamação? Que mal fizemos nós para não termos esquilos?).

Fui pela primeira vez ao Purana Quila (o forte velho) no crepúsculo de um dia de Março, acho eu. É um parque plantado nas ruínas de uma fortaleza mogol construída por Humayun e Xer Xá em meados do século XVI sobre o sítio da lendária Indraprashta, a Delhi dos Pandavas na origem do mundo.

O crepúsculo na India foi baptizado por James Cameron (an indian summer) como a hora do pó das vacas porque, nas aldeias, é ao deitar-se o sol que as vacas regressam a casa e as mulheres acendem fogueiras para espantar os mosquitos e cozer o dhal. Subi a ligeira encosta do parque entre árvores velhas, manchas de relva indecisa entre ser relva, erva ou terra batida, o reflexo do poente na pedra avermelhada de portais e pilares. Lá no topo, o barulho dos milhares de motores que circulam pela cidade vinha-me pelas costas trazido pelo vento que soprava de poente, misturado com a música da India, os gritos ásperos dos corvos. A norte, Velha Delhi estava envolvida numa névoa de humidade erguida ao céu pelo Jamnu, misturada e enegrecida pelo fumo de fogueiras e escapes. Os minaretes da mesquita maior e as muralhas do Red Fort apareciam no meio da névoa como silhuetas românticas, visíveis apenas através da memória das gravuras inglesas do sé-culo XIX, essas imagens de uma India intensa-mente amada e transfigurada pelo amor. O rio corria à minha frente, lá em baixo, paralelo à avenida

1. 2. raj path, nova delhi

avenida que passa junto à sua margem. Corria aí outro rio, o rio dos faróis e fiadas de luzinhas decorativas de automóveis, rickshaws e camiões, ladeado pelas luzes eléctricas e as lâm-padas de querosene das lojas e dos triciclos de milhares de vendedores, e os néons pobres, néons sem cor, sobre as barracas e as casas.

Tudo estava ali à minha beira, a estrada, o rio, a planície na outra margem, a cidade velha, o céu, os gritos dos corvos. E então, quando a última fatia de sol caiu para baixo da linha do horizonte e um frio momentâneo percorreu a terra e me tocou na nuca, houve um silêncio muito breve e eu senti que tinha morrido e não fazia mal porque

lugares •
pessoas
arquitectura •

como passamos a ser indianos   himalayan express

me dissolvera na India, e já era ar húmido, pedra, erva que quer ser relva, motor de rickshaw, bico de corvo, poluição atmosférica, pó levantado pelas vacas.

Ao voltar ao Ambassador que me trouxera (e gananciosamente aguardava que eu voltasse), tive vontade de dar um beijo no sr. não sei das quantas Singh, seu motorista, e perguntar-lhe se tinha uma filha para casar que eu cometia bigamia, ficava logo em Delhi e não se falava mais nisso.

Só consegui olhar mais profissionalmente para o Purana Qila noutras ocasiões. Costumo dizer que a arquitectura mogol da India é a melhor arquitectura alguma vez construída no planeta Terra. Estarei disposto a qualificar este axioma, se fôr caso disso, quando alguém me der uma bolsa de estudos que me permita conhecer a arquitectura muçulmana do Irão, do Iraque e do Egipto.

Como se percebe, sou um bocado Mujahidin, um bocado Hizbullah, um bocado Taliban, em matéria de arquitectura: acho que ninguém está perto sequer de alguma vez fazer melhor que os muçulmanos. Acho que os mouros, como se diz ainda em Goa, conseguiram casar a ordem e a clareza clássicas mediterrânicas com a doçura e a monumentalidade do Oriente e acho que fizeram isso porque vieram do deserto.

Com mais ou menos ornamento, mais ou menos mármore, a arquitectura dos muçulmanos de todo o mundo é uma arquitectura do deserto, do horizonte plano e longínquo, da linha recta, do recinto que é preciso traçar para se ter um sítio onde estar, um sítio que seja um sítio. A geometria não existe no deserto que, como o espaço interestelar, não tem dimensões. Mas é precisamente por isso que foi preciso inventar uma arquitectura da geometria, do quadrado, do rectângulo, do círculo, do polígono. E também uma arquitectura que, não podendo tirar do deserto aquilo que ele não tem, as dimensões, colhe dele tudo o que ele tem: a gentileza das cores e das gradações de côr. A repetição dos motivos decorativos até ao horizonte do sítio. A largueza desaforada de vistas. O desprezo pelo pequenino. A dimensão de uma figura humana de pé.

Na India, os muçulmanos dotaram esta arquitectura com as formas do ventre e dos seios das mulheres e a minúcia das flores e animais da selva. Adoçaram-na e tropicalizaram-na. Ficou ainda melhor. São muito indianos os pátios e salas nacaradas do Forte de Agra, debruados a mármore florentino embutido por italianos nos séculos XVI e XVII: a sua solidez de pedra e linha recta apresenta-se como se tivesse uma pela de casca de ovo e fosse igualmente frágil. Mas também é indiana a arquitectura do recinto palatino de Fathepur Sikri, a capital falhada do grande sultão mogol Akbar (o do Taj Mahal), construida sobre o festo de um monte perto de Agra. Não há mármores em Fathepur Sikri, tudo é em pedra vermelha, dura mas maleável, ornamentos, paredes lisas, escadas, plataformas, tanques. A indianidade não provém só, nem principalmente, das inúmeras estruturas arquitravadas e temas hindus que a arquitectura mogol desde sempre

lugares
pessoas
arquitectura

>>

como passamos a ser indianos   himalayan express

155.pag

himalayan express   como passamos a ser indianos

1. 2. fathepur-sikri

lugares •
pessoas
arquitectura •

>>

como passamos a ser indianos   himalayan express

incorporou em pilares, mísulas, tectos. São indianos os espaços subitamente cheios até quase rebentarem, constrangidos, ventrais, como o Diwan-I-Khas, a sala de audiências. Indiana é também a pequenez quase interior do tanque principal do palácio ou os cinco pisos de dimensão decorativa do Panch Mahal. Indianos são os extraordinários beirais de pedra, dançarinamente contra-curvados para o chão, que desviam dos interiores o sol e a chuva da monção.

A contracurva destes beirais, e talvez o arco traçado pelos cornos das vacas, forneceram ao Corbusier a ideia do desenho da cobertura do edifício da Assembleia em Chandigarh.

A primeira coisa de que gosto em Chandigarh é do facto de os rickshaws serem azuis, uma cor sem dúvida modernista, ao contrário do preto e amarelo dos outros rickshaws da India que são tão National Geographic e património cultural como os anéis e brincos das mulheres do Rajastão que vendem panos nas praias de Goa.

1. 3. fatepur-sikri
2. red fort, agra

lugares
pessoas
arquitectura

como passamos a ser indianos   himalayan express

himalayan express   como passamos a ser indianos

1. fatepur-sikri
2. taj mahal, agra

lugares
pessoas
arquitectura

como passamos a ser indianos   himalayan express

himalayan express   como passamos a ser indianos

pag.162

1. chandigarh
2. palácio da assembleia, chandigarh

A segunda coisa de que gosto em Chandigarh é de como a cidade curto-circuita todos os lugares comuns sobre o urbanismo moderno e quase todos os que se dizem sobre a tradição, o sítio e coisas parecidas.

Chandigarh é uma espécie de Nova Delhi democrática com as dimensões colossais, planisféricas, da cidade de Luytens, mas sem a monumentalidade feita para paradas e God save the queens. E também sem a linha de fronteira entre cidade para europeizados e cidade para indíge-nas que existe em Delhi.

Os edifícios projectados por Corbusier são só três e mais umas coisinhas, e situam-se no capitólio da cidade. O arquitecto – que nunca foi democrata que se cheirasse – cedeu à Raj-pathisse de Luytens e ao bramanismo de Nehru e do governo da India, segregando a área do poder em relação ao resto de Chandigarh. Mas não foi o projecto corbusieriano que transformou essa separação em apartheid, sublinhado perigosamente a sacos de areia, arame farpado e ninhos de metralhadoras. Foi a guerra contra os separatistas Sikh. Os edifícios do Corbu são bonitos que se fartam mas padecem de um erro geográfico de cerca de 20 graus de latitude. São edifícios abertos a todos os ares e ventos como se estivéssemos numa zona de monção e não, como estamos, em sítio de ventos tórridos que entram pelos edifícios adentro entre Abril e Julho tostando dossiers e burocratas, ou ventos muito frios que congelam decisões e decisores nas manhãs e fins de tarde entre Novembro e Fevereiro.

À custa de muito acrescento e subtração de contra-placado, cartolina e plástico, à custa de quilómetros de condutas e caixas de ar condicionado, os edifícios vão funcionando mais ou menos e as formas são tão fortes que nem se dá pela quantidade de sucata que lhes meteram dentro e por fora.

A cidade propriamente dita, essa é talvez o sítio mais espaçoso, florido e evidentemente feliz da India. Os habitantes têm imenso orgulho na modernidade das casas e ruas, na largueza de vistas da rede de estradas, na generosidade e beleza de jardins e parques, na limpeza dos espaços colectivos (no quadro da India, Chandigarh é mais que a Suiça, é o átrio de um banco suíço).

Só não gostam de Chandigarh duas espécies de pessoas: os ingleses que, em matéria de arquitectura e urbanismo são um bocado ingleses, coitados. São simpáticos, realistas, engenhosos, mas falta-lhes em golpe de asa o que lhes sobra em preconceitos disfarçados de common sense, tornando-os espectacularmente incapazes de olhar para a realidade como ela é. A realidade de Chandigarh é que o urbanismo modernista resulta. Até mesmo, por incrível que pareça, quando foi pensado por franceses. Desde que haja Estado que suporte a actividade continuada de uma autarquia e de técnicos dedicados, como tem sido o caso, o urbanismo modernista resulta. Ponto final. Bugger off.

1. palácio da assembleia, chandigarh

Também não gostam de Chandigarh os promotores imobiliários indianos que ficam cheios de agarofobia com a largura das ruas, praças, avenidas e parques, tendo logo vontade de construir tudo, tudo, tudo e vender tudo isso que construíssem muitíssimo caro. O argumento que usam tem muita graça: Chandigarh não seria uma cidade indiana, seria demasiado ocidental, seria preciso indianizá-la...

Mas Chandigarh é uma cidade indiana e moderna ao mesmo tempo. É possível. Vão lá ver se não é. Experimentem passar em dia de festa, no Diwali por exemplo, pelas ruas pedonais, tão largas como pequenas praças, ladeadas de arcadas com lojas. A barulheira de pandeiretas e apitos, o cheiro a fritos e a gullab jammun, os panos coloridos espalhados pelo chão com camisas CK aos montes por cima, os tupperwares baratos, os brinquedos de plástico, as Sitas fosforescentes e os Ramas de latão não lembram a imaculada higiene do terraço da Ville Savoye, mas antes a feira dos Olivais em Lisboa e as outras feiras do tipo que se realizam em Portugal. Ou seja, lembram a India.

Foi na noite de Diwali que voltámos todos de Chandigarh para Delhi no Himalayan Empress, o Simla Queen, o Punjab Princess, ou lá como é que se chamava o comboio. No Diwali, os hindus iluminam as suas casas para acolherem Rama que regressa aos braços e à casa de Sita, a sua amada, depois de muitas aventuras (ou então é por outra razão qualquer).

Além de iluminarem as casas, os hindus fazem todos os anos um esforço concertado, sério, empenhado, para desencadearem o maior incêndio urbano e florestal da história do planeta. O comboio onde seguíamos atravessava devagar os subúrbios de Delhi. Lá fora, o céu era esburacado por uma barragem apocalíptica de explosões de foguetes. Explodiam mesmo sobre o comboio, a meia distância, ao longe, continuamente, uma enorme plantação de flores de fogo no céu que fazia um barulho aterrador. No meio do fumo que caía sobre a terra com o peso e a rapidez de mil noites implacáveis, viam-se fosforescer as infinitas e minuciosas fileiras de luzes colocadas nos terraços das casas, em volta das janelas e portas, nos postes de iluminação – cujas lâm-padas, coitadas, pareciam à beira de desmaiar de susto. O comboio escavava o seu caminho no fumo efervescente de luzes e cores. Respirávamos violentamente um ar cheio de cordite.

À medida que a velocidade do comboio diminuía, os nossos nervos aceleravam. Nas portas das carruagens, pendurados para a sopa de névoa eléctrico-fumegante, alguns de nós gritavam Happy Diwali em altos berros, os olhos cheios de lágrimas provocadas pelo fumo e a adrenalina. Quando o comboio finalmente parou na estação, saímos com um rush de fogo de artifício nas veias e mergulhámos num caos de corpos, rostos, gritos, insultos, risadas, fumo e luz, rebentamentos, a cidade em chamas. Foi assim que dissemos adeus à India.

Não podia ter sio melhor.

1. modulor, chandigarh

lugares
pessoas
arquitectura

como passamos a ser indianos   himalayan express

Créditos fotográficos

Ana Rita Paiva_*pags 98/99, 101, 109, 141, 161, 162, 167*
José Luís Brazão Machado_*pags 104, 105, 122,123*
Maria Almiro do Vale_*pags 36, 52, 55, 92, 111, 133, 137, 138, 155*
Nuno Antunes Pereira Grancho_*pags 17, 20, 24, 25, 26, 27, 28, 29, 125, 126, 127*
Nuno Grancho [filho]_*pags 22, 49, 54, 89, 128, 143, 163, 165*
Pedro Ganho_*pags 30/31, 33, 36, 37, 40,44, 47, 49, 58, 84,85, 106/107, 117, 118, 142, 159*
Pedro Sousa_*capa_pags 34/35, 36, 37, 39 ,42, 43, 54, 59, 83, 103, 120, 142, 158*
Pedro Vizeu_*pags 48, 49, 82, 90, 102, 146, 149, 152, 153, 156, 157, 160*
Paulo Varela Gomes_*pag 169*